全国小学生校园美文精品集萃丛书

那一年花开

《语文报》编写组 编

时代文艺出版社

图书在版编目（CIP）数据

那一年花开 /《语文报》编写组编. —长春：时代文艺出版社，2018.8（2023.6重印）
（"七色阳光小少年"全国小学生校园美文精品集萃丛书）

ISBN 978-7-5387-5862-7

Ⅰ. ①那… Ⅱ. ①语… Ⅲ. ①作文－小学－选集 Ⅳ. ①H194.4

中国版本图书馆CIP数据核字（2018）第114667号

出 品 人　陈　琛
产品总监　郭力家
责任编辑　刘　兮
装帧设计　孙　利
排版制作　隋淑凤

那一年花开

《语文报》编写组 编

出版发行 / 时代文艺出版社
地址 / 长春市福祉大路5788号　龙腾国际大厦A座15层　邮编 / 130118
总编办 / 0431-81629751　发行部 / 0431-81629758
官方微博 / weibo.com / tlapress
印刷 / 北京一鑫印务有限责任公司
开本 / 700mm×980mm　1 / 16　字数 / 153千字　印张 / 11
版次 / 2018年8月第1版　印次 / 2023年6月第5次印刷　定价 / 34.80元

编 委 会

目 录

泥巴里的快乐

001

寻春

那些背靠背的时光

花儿向阳开

003

004

踩着一地月光

泥巴里的快乐

　　做泥坦克，是我跟别人学的，特别简单。先抓一把泥，做成一个大一点儿的长方体泥块，再抓一把泥，做成一个小点儿的长方体泥块。大的放在下面，小的放在上面，然后用一个半截儿的冰淇淋棍儿，斜插在小的长方体上，泥坦克就做好了。

童年的茉莉

覃 懿

　　七八年前的老家，门前有一块茉莉花地。绿油油的一簇簇，在某个不经意的地方，钻出一个小小的白点，时而是花苞，时而已绽开。鲜嫩的花瓣先是洁白，如同牛乳，接着又是厚厚的一层，叶子微微有些皱，甚是娇嫩。若是过了些时辰，那些花瓣便不再洁白，从花蕊向外散发出的淡黄，犹如几片香蕉掉进了牛奶中，搅拌了几下，茉莉的芳香可是极浓。或许每当我回老家之时，不需要导航仪的卫星定位，只需用鼻子嗅嗅，便不愁找不到路了。

　　回忆那时，常到花丛中玩耍。尽管我的皮肤很不喜欢花粉，每次从花中出来，胳膊上总是生出红色的小疙瘩。但只要我喜欢，谁又能阻挡我迈进花海呢？

　　记忆犹新的还是那坎坷的小道——一条泥土的小路贯穿了整个田野。大我四岁的表哥骑着小自行车，在小路上驰骋，我坐在他身后的车座上，陶醉在漫漫香气之中，不觉自失起来。可就在花田中央，"咣当——"我突然跌了下来，在地上打了个滚儿。表哥吓呆了，把车扔在一边，扶起我，倒没什么大碍，就是脸上蹭了一块，把人吓得半死。但能与散发着芳香的泥土如此亲密地接触，沾上茉莉的清香，多么来之不易，就算是茉莉花送给我们的礼物吧！

回忆那时，在茉莉花海中游荡的机会何时才能再有呢？

当我再次回到老家，那片点缀着洁白的翠绿田野被铲平了。铺上了水泥，架起了钢筋，还建起了一个家禽市场，专卖活鸡活鸭，那叫一个臭啊！若不是家里吩咐去买活禽，还真不敢靠近。这片烂漫的花海，就这样被糟蹋了。

水泥马路虽然平坦宽阔得很，我与表哥也曾在那上面骑过车，但幼时的那种亲切、浪漫、享受、陶醉之感，却随着那松软的田野，一齐被压到水泥下面去了……

刺猬的灯

张嘉钰

003

夏天，从来都不温柔，天气变化无常，像个脾气暴躁的孩子。风和雨总是结着伴赶来，生怕人们忘记了它们的存在——于是风越刮越猛，雨越下越急，发泄着不满的情绪。

森林在风雨中沉默着。一座小木屋被豆大的雨点敲打得吱吱作响；窗户被风撞击着，发出阵阵呻吟。刺猬弟弟裹着一张薄薄的毯子，蜷缩在木屋的角落里，冷得发抖。这是因为近日久久不停的大雨，可刺猬家的壁炉里什么也没有，除去一小堆冰凉的木屑。

是的，这森林中就只有刺猬弟弟一个人。他并不在乎时间的流逝。在他印象中那并不多见的几个晴朗的日子里，自己总是不停地寻找着可以果腹的食物——果子、蘑菇。然后，那些阴云密布的时光，就躲在木屋里，盯着那一堆堆的果子出神，就像现在这样。"这确实很无聊。"他茫然地想着，"可森林里什么也没有，除了……"

"咚咚，咚咚。"

思绪被打断了，刺猬弟弟浑身的刺都竖了起来，狐疑地向门口望去，风雨仍旧咆哮，他自嘲地笑了笑说："是风啊。"可是不一会儿，又是一阵"咚咚咚"！

天啊！刺猬弟弟风一般地奔向门口，猛地拉开门，惊得说不出话来。眼前是一只浑身湿透了的小刺猬—— 一只更小的刺猬，怀里抱着什么。没等他反应过来，小刺猬便灵巧地闪了进来，抖着身上的水："真是谢谢了，否则，可就糟糕了！"刺猬弟弟这才回过神儿来，语无伦次地提问："那……是什么？"那只小刺猬手中拎着镂空的雕花灯笼，粉红色的火光在里面跳跃。那真是美极了，就好像初春的粉色花苞，小小的，暖暖的。"从我出生起，它就一直陪着我了，从来没有熄灭。刚刚真险。"小刺猬这才转过身来，微笑地望着他，"太感谢你了！我叫光。"

刺猬心中涌动着一种未曾有过的感受。好像嫩芽要破土而出的那份渴望，好像沐浴阳光之中的那份温暖。他和光在吱吱作响的木屋里，忘记了屋外可怖的风雨，在粉红色的温柔光芒下，沉沉地睡着了……

睁开眼睛，窗外已是晴空万里，架起了彩虹。屋子里，光已经不在了，可那灯笼，正微笑着注视着刺猬弟弟。刺猬弟弟好像想起了什么，他突然甩掉毛毯，抱起灯笼向门外奔去……

吃　豆

赵思恒

　　自那天后，我便再也没吃过那般辣气扑鼻的豆，再也没感觉过那般扑鼻的辣了。

　　"吃！吃！吃！"讲台下坐着一大片人，前面的人全都站了起来，身子直往前倾，眼睛瞪得发红。两旁的人竟全都蹦了起来，一副唯恐天下不乱的样子，举起双手大声喊叫，那模样，活脱脱一群山里的野猴。后面的人就像热锅上的蚂蚁，着急啊！他们被挡住视线，急得是又跺脚又拍头，就差站在桌子上，登高一呼了。

　　再看看站在讲台前的同学，手像是被冻得不行了似的，颤颤巍巍地把手从口袋里伸出来，从讲桌上轻轻捏起一颗豆，手越来越抖，紧张得连汗都淌了下来。他的手上升的速度越来越慢，越来越慢。他的手臂向上抬了很久很久，手臂突然又停在了嘴边，一点儿也不动了。所有人都看着他的手臂一点儿一点儿抬高，可这个关键时刻居然停住了！

　　他紧张得居然把那颗豆子掉在了地上。于是，一切又恢复了如刚才放慢了十倍的动作，而他拿起后咬了咬嘴唇，一攥那颗豆，反手顺势扔进了自己的嘴里。霎时间，他原本白里透红的脸色"唰"地一下便成了白色，又瞬间"唰"地一下红得发胀，像极了一只熟透了的大龙虾。

接下来，我也尝了尝这颗豆，不过……

我走上讲台，挑出一颗豆直接扔进了嘴里。一股无边的辛辣从嘴中那颗豆中冲出，一瞬间占据了我鼻腔内所有的空间，驱逐掉了我所有可呼吸的空气，转而剧烈咳嗽起来。我赶紧拍了拍胸口，重重地敲了几下。那股辣气瞬间冲上了眼睛，我赶紧擦掉了眼泪，狼狈地逃下讲台。

恐怕我以后再也不敢吃豆了。

泥巴里的快乐

郭滕基成

006

童年，我最喜欢玩的就是泥巴，我最常做的就是"泥坦克"和"泥白吉馍"了。

在我的印象中，第一次玩泥巴是在幼儿园的时候。那是一个夏天的晚上，我光着脊背和几个小朋友在小区的花园里玩耍。我看见在一棵歪倒的小树旁，有一个孩子在往土里倒水，然后玩起了泥巴，看着看着，我也就跟着玩起来了。

做泥坦克，是我跟别人学的，特别简单。先抓一把泥，做成一个大一点儿的长方体泥块，再抓一把泥，做成一个小点儿的长方体泥块。大的放在下面，小的放在上面，然后用一个半截儿的冰淇淋棍儿，斜插在小的长方体上，泥坦克就做好了。

我曾经幻想做一个特大的泥坦克，中间掏空就可以坐人了。这个念头那时常在我的脑子里打转。可是我做出来的最多只有十来厘米长，小得很。于是我又想，把这花园里的土都挖出来和成泥，我的愿望就能实现了。

　　白吉馍，也就是肉夹馍。用泥做这个，是我自己突发奇想、觉得好玩做出的。抓一块泥，团成一个球体，然后压扁，用小刀从中间割开。肉呢，我就用小花、小草代替了。现在回想起来真是破坏花草啊。看着我亲手做成的泥白吉馍，我想它要是像真的白吉馍一样能卖给别人赚钱多好啊！我就可以开一家"泥白吉馍快餐店"，赚好多钱。

　　有一天，我从花园旁边经过，偶然看见了不堪的一幕：有一些"恶俗"的小孩子在那里冲着我玩泥巴的地方撒尿呢。我心里厌恶起来，决心以后再也不玩泥巴了。可是没过多久，我"死性不改"（我妈的话），换了一个小花园，又玩起了泥巴。那时我在上幼儿园大班，看到我的同学用橡皮泥捏小人儿，我就想放学回家的时候，在新的小花园里用泥巴捏小人儿。

　　不知道是怎么回事，我怎么也捏不出让我满意的小人儿。看看那些没有"人样"的小人儿，我愤愤地在心里想：这些小人儿肯定是一些"无耻小人"（我那时并不真正知道这个词的意思），要不然我怎么总是捏不好呢？

　　没有办法，我也在家里用橡皮泥做起小人儿。橡皮泥做成的小人儿虽然更有"人样"，可我还是觉得橡皮泥不如小花园里的泥巴好玩。于是，我"重操旧业"，又做了很长时间的泥坦克、泥肉夹馍。

　　现在，我早已经不玩泥巴了，但是我心里明白，那看起来脏兮兮的泥巴里，藏着多少童年的快乐啊！

春雨情思

张一凡

天空飘来一朵乌云，又飘来一朵……一朵又一朵的乌云汇成一大片。天空灰蒙蒙、阴沉沉的，不一会儿，下起了雨。

轻柔飘逸的雨丝落了下来，好像一根根闪着银光的丝带。雨点滴在花上，花儿显得更加娇艳欲滴了；雨点洒在草上，草儿变得更加碧绿了；雨点落在屋檐上，成百上千个雨点汇成一条条丝线，顺着屋檐滑了下来。

雨越下越大，由雨点变成了雨珠。雨珠打在树叶上，拨动了树叶的琴弦；雨珠敲打着玻璃窗，唱出清脆的歌谣；雨珠飘在池塘中，飞出朵朵水花。

雨又变小了，成了雨滴。雨滴淅淅沥沥地唱着小调，好像无数颗露珠，又似千万颗小水晶球，真是粒粒珍珠啊！它们是上帝的安琪儿，带着神圣的使命，来清洗大地，清洗世界。

雨停了，太阳出来了，天空中出现了一道美丽的虹。赤、橙、黄、绿、青、蓝、紫，好一道七色彩虹，横跨在半空中，仿佛是通往仙界的一座桥。柳叶上滚动着一颗颗亮晶晶的珠儿，晶莹的雨露渗入到它那干渴的身躯内。它舒服地拂动了细长的手臂，精神抖擞地站立着。

雨后的世界显得更加清新、明朗，因为洁净的雨水已经冲洗了每一个角落。我爱雨后的世界，我更爱雨后世界里那些辛勤劳作的人们，瞧，他们正用美丽的庄稼装点着我们的世界呢。

美的瞬间

张馨仪

美的事物总是让人难以忘怀。美，不一定要长久，有时候只是短暂的一瞬，却足以在你的脑际留下永久的印痕。

009

枫叶的飘落，是焰火的坠落，梧桐的凋零，飒飒于风雨中，令人萌生感动。夕阳的垂落，是夜的宁静与温柔。大自然的美景，让人惊叹它的鬼斧神工，在短暂之中所散发的美丽，放出耀眼的光辉，定格在人们的心中。

清晨，你不妨放慢匆忙的脚步，沉淀下浮躁的心灵，你会发现花朵是那么艳丽娇美，树木是那么苍翠挺拔，阳光是那么妩媚动人，鸟语是那么清脆动听。黄昏，你可以驻足欣赏，你会发现夕阳是如此温柔可人，车流在马路上穿梭而行，连同远近的楼阁行人一起构成了一幅赏心悦目的风景画，于话语的交织与脚部的移动中变幻着。夜晚，又是一番别样的美景，微风轻拂在脸上，明月轻依在夜空的怀中，城市五彩的霓虹灯映在墨蓝的天空中，融成了一片五颜六色的天地。

景色是如此美丽，生命更是美得醉人。

你看那不起眼的毛毛虫，它为了成为蝴蝶，一直默默无闻地努力着，直到它变成一个蛹。它开始怀着属于它的梦想与未来在沉睡中默默等待着，终于有一天，它苏醒了，这是它破茧成蝶的时刻，它努力地冲破茧，在蛹中不停地挣扎，再难也不放弃，终于蛹裂开一条很小的缝隙，它继续扑动它的翅膀，不停地向外冲击，终于冲出禁锢，破茧成蝶，翩然飞翔在天空中。

是的，我们的生活既复杂又简单，既浮躁又温馨。但是我们的生活中从来就不缺少美。美成了我们生活中不可或缺的亮丽风景，美也成了我们生活中常温常新的美好回忆。如果我们将自己昨日悠长的回忆和对未来美好的向往，都看成是一种美，如果我们用美的眼光去看待生活中的所有，去寻找美，发现美，去聆听、去感知、去创造美，那么我们就会拥有全新的生活，美丽的人生！

010

雁

潘泓亦

时候已是深秋，金黄的秋风挟着道路两旁的落叶起舞，我行走在用落叶铺成的大道上，身旁是冷丝丝的空气，千丝万缕地缠着我的呼吸。

大雁的鼓翼之声簌簌地从头顶传来，我抬头，看见一群排成大大的"人"字的黑影从我头顶急不可耐地飞过，它们的翅膀从空中划过，留下满目的孤独。

转过街角，暴露在眼前的是那熟悉的场景——一路铺满金黄，还有一条矮矮的青色石凳。我走上前去抚摸那石凳，冰得刺骨。看着这寒若冰霜的石凳，有谁会想到它上面曾浸润着爷爷的体温，还有我那在风中飘摇不定的记忆呢？

又是一群大雁，行色匆匆地从头顶飞过，我呆呆地站着，眼前浮现出爷爷的幻影。

那个秋天似乎非常寒冷。如今残存在记忆中的印象，便是我抬起稚嫩的脸，望着身旁的爷爷，我的脸被阳光笼罩，爷爷敞开衣襟，低着头，坐在石凳上。摆弄着手中被阳光渲染成金光灿灿的木器，他的脚前堆着一层层蜷曲的木片，同他的皮肤一般泛出慈祥的光泽。

"爷爷，爷爷，这个小木人好好看，是给我的吗？"我侧过脸，靠近爷爷问。

"呵呵，当然是给我的乖孙子了。"他爱抚地摸摸我的头。记忆中爷爷的身上始终散发着一股楠木的清新香气。

"爷爷，你为什么老是做小木人呢？"我又问。

爷爷的手顿了一顿，木屑落叶般飘散，他静静地抬起头，望望太阳，轻轻叹了口气，放下手中的木人，对我说："孩子，当你怀念一个人的时候，总是要找到一个寄托的。"爷爷说着说着就没了声音，呆望着放在地上的木人。"喏，孩子，拿好，你要好好珍惜它。"

"嗯，我一定会的！"我兴奋地接过小木人，爱不释手地摆弄着。

"小心，别弄坏啊。"爷爷笑容灿烂地说。

这时天空传来"嘎嘎"的叫声，我和爷爷不约而同地抬起头，是大雁！

"大雁吗，当时她走的时候也是这个时候呢。"爷爷怅然地说。

"爷爷，爷爷，给我讲个大雁的故事吧。"

"好，好，孩子，听好了……"

爷爷在来年初春的时候回到了乡下。而我，仍在这个小城中，过着自己的生活。记得送走爷爷的时候，我抱着他的手久久不愿松开，一阵阵楠木的香气在那时候便永驻在我心中了。

几年后我收拾衣柜，从衣柜中骨碌碌滚出两个小木人。那个好的是爷爷给奶奶雕的像。还有一个雕得七歪八扭的爷爷，是我雕的。

拿着两个小木人，我感慨万千。

"嘎嘎……"大雁唱着高亢的歌从高空中掠过，我从回忆中惊醒。朦胧中我闻到了一股楠木的清香，那是爷爷的味道。

海 中 遇 险

张朱睿

012

小时候，看着同学们一到夏天就去海边玩，心里羡慕不已。的确，我们是在近海长大的孩子，海的名字总在耳边飞来飞去，但我却渴望能够见到真正的大海。

终于在那年夏天，我看到了海。

那天，我们全家出动，来到渔寮。一下车，我就摆脱家人的约束跌跌撞撞跑到海边。刚靠近海，夏日那种令人窒息的闷热的感觉就因为大海烟消云散了。远眺大海，它像一位清新脱俗的少女，穿着一件烟蓝色的纱衣。海的颜色不深也不浅，是那种让人看了很舒服的蓝。在夏风的吹拂下，海面泛起了波纹。走近，人很多，但并不吵闹，人们放下了心中的烦恼，享受着日光浴。

换上泳衣，我慢慢地走入大海，虽然阳光强烈，但大海却是凉爽的，一下子浸透了我的心。

爸爸很担心我。尽管我只在近岸的浅水区，他还总是嘱咐我不要游得太远。我尽情地玩耍，一个人自寻欢乐。

有一阵，我正得意地回头看着岸上的妈妈，突然一个大浪头打来，我吓得惊慌失措。慌乱之中，我大叫："爸爸！爸爸！"当时小小的我怎能抵挡得住那波浪的冲击？我跌倒在海中，身边又没有大人，不能抓住他们，这时的我像汪洋大海中的一叶孤舟，无依无靠，在波浪的冲击下，漂浮不定。爸爸似乎听见了我的叫声，拼命向这边扑来，他眼睛四处张望，希望能在这人群中寻找到我小小的身影。我呛了水，重重地咳嗽了起来，两只小手无力地挣扎。终于，爸爸看见我了，他奋力跑来，抓住我的手，把我抱了起来。爸爸的手好大，好温暖，我顿时有了依靠，在茫茫大海中看见一丝光明。我喝了太多的水，呛到自己，难受地发出"咳咳"的声音，爸爸用他的手拍打着我的背，心疼地看着我。我感觉好暖好暖，我小小的心灵在经受困难之后终于得到了安慰。

那次大海之旅，惊险，但令人难忘。

窃　读　记

李晋钰

读书对于我来说是一件快乐的事情。不知何时又是谁轻轻地在我心田丢下一粒种子，有一天突然"啪"的一声，钻出土壤飞快地成长起来。我满怀着期待闯进了一个全新的世界，从此便无法自拔……

也许是我在文学的世界里徜徉了太久，妈妈发出了抗议。于是，我开始了"窃读之旅"。我的"窃读"，可以发生在任何时间任何地点。

晚上睡觉之前，借着昏黄的灯光，我翻开了书页，暗淡的铅字在我眼中此时仿佛变得绚丽多彩了。潜行在浩瀚的文学海洋，我一边欣赏鱼儿一样游弋的文字，还一边敛声屏气地听着门外的动静。一切，都归于寂静的夜，只听见自己的呼吸声和心脏的跳动。窗外的夜空中，皎洁的月亮自顾自在云朵间穿行，并不打扰窃读的孩子……突然，门外一阵脚步声打断了我的思绪。这声音是向卧室走来！我连忙熄灯并把书往被子里一塞，再把被子一拉，眼一闭，换了个睡觉的姿势，接着调整呼吸……门推开了。月光透过窗帘温柔地照射进来，我正安静地"睡"着呢。于是，妈妈退了出去。我心中顿时松了口气，马上又沾沾自喜地掏出书来，继续沉醉——带着一种"胜利"的喜悦。秒针嘀嗒嘀嗒地转动，我竟毫无察觉。直到午夜12点了，我才"惊醒"过来。匆忙塞了塞被子，沉沉睡去。

014

在静谧的夜里，我经历了无数次的冒险和旅行。我用心和书中世界的人们交流，和他们擦出思想火花。我感觉自己一下子站在了一个全新的高度，拥有一个独特的视角。我看到了更多、更美妙的事物，见证了奇妙的瞬间。这些，都是我手中这些书赠予我的独特礼物。

世界那么大，每个人又是那么渺小。但我们又各自散发着独特的光彩，虽然不能延长生命的长度，但可拓展生命的宽度。书，就是一种拓宽生命的方式，它将是陪伴我一生的挚友。

书啊，有你真好！你愿意我从你那里"窃"出更多的财富吗？

星

张树清

天空暗淡了下来，披上暗蓝的纱。路灯昏暗的光静静地洒下。雨一直下着，无声无息，只有那打在脸颊上冰凉的触感真真切切。缠绵的细雨并没有让这座城安静，反而让它烦躁起来。我飞快地蹬着单车，短发在风中胡乱飞舞，被雨点打湿，有点儿狼狈。

回到家，已过了许久。可恼人的小雨依旧没有停下的意思，直到深夜，躺在床上准备入睡，才望见窗外密布的乌云已淡去。雨后的夜清朗深邃，星辰明月全部苏醒过来。虽然月光如水，却不是月朗星稀，群星闪烁着温柔的光芒，那轮皎洁的月只无言地静默着。

与繁星对视，一种安然的心绪突然在心中铺展。那些闪着智慧光芒的星辰，也许离我们有着几万光年的距离；也许是一个又一个比地球还更巨大的星球。尽管如此，它却一直给人的心灵以温暖与慰藉，在遥远的星空为人们指明正确的方向。在暴风雨来临的时候，在太阳千万次升起的时候，在阴云密布的时候，它们从我视线里消失不见。但我知道，它们一直都在远方默默坚守。

日复一日，我都踏着单车在家和学校之间的路上留下身影。不觉，竟已有半年光景。渐渐的，我开始面临越来越多的挑战和问题。学校和家，我学习和生活的地方，那里有我的欢笑和成长，也有泪水

泥巴里的快乐

和迷茫。我将一点点长大，而这漫漫长路上，谁又是我的星，我的指向标？谁又会静静注视我，看我羽翼逐渐丰满，最后展翅飞翔？

我静静望着空中群星想要寻找答案。它们只是神秘地闪烁几下，依旧无言。也许答案还是要靠自己去寻找，我们逆流而上，寻着梦想的裙角，也许并不必刻意去寻找，因为我们要渐渐学会做自己的星星，学会发光，并决定自己旅途的方向。

《哈利·波特》人物谱

尤之悦

德拉科·马尔福：叛逆无罪

他的父亲被哈利送进阿兹卡班，但他的报复仅仅是在火车上踩了哈利的鼻子；他一直叫赫敏"泥巴种"，但在有求必应屋里他阻止克拉布向赫敏发射死咒；他用自己的聪明把食死徒们带进学校，但面对垂死的邓布利多，他垂下了魔杖……没错，他讨厌他们，可是亲爱的读者，我们从来没有讨厌过谁吗？他从未想过要他讨厌的人死，这才是最重要的。

虽然罗琳在《死亡圣器》里把他硬生生地写成了一个大龙套，但我们仍然能感觉他的挣扎、他的悔恨，和他的无可奈何。他生在银色和绿色编织的家庭里，注定无法让自己开出红色和金色的花朵，但这不妨碍他成为一个可爱的人。当十几年后，他在烟雾缭绕的国王十字车站再次遇到他们，他只是点点头。但我知道，你其实很想走上前，对他们说："你们好，哈利，罗恩，赫敏。"

小天狼星·布莱克：守望无悔

他可能到死都没分清谁是詹姆，谁是哈利，或者说那对他来说都是一回事。他知道哈利担心他的安危，于是他给了哈利那面镜子，这是他与詹姆联络的方法——可惜，哈利不是詹姆，哈利对梦境太过信以为真。

老兵永不死，只是渐凋零。当漫长的十二年囹圄岁月之后，那落难的贵族已是力不从心。哈利为了救他而身陷危机，他又为了救哈利而献出生命。也许，当读者看到他在阴暗的山洞里靠吃老鼠过活时；也许，当读者看到他不顾摄魂怪的威胁潜入霍格沃茨时；也许，当读者看到他为自己的无用武之地而感到羞愧时；也许，当读者看到他把哈利当作詹姆时，每个人都会知道，结局，注定是这样的。

邓布利多是哈利的信心，罗恩是哈利的温暖，赫敏是哈利的灵魂，而他，是哈利的守望者，是哈利的父亲。

谁都可以后悔，谁都可以抛弃哈利，父亲，却不可以。当他在天国见到詹姆，他可以骄傲地说："尖头叉子，我对得起你了。"

阿不思·邓布利多：回头无岸

他说过好多至理名言。

"人们容易原谅别人的错误，但很难原谅别人的正确。"

"面对黑暗，人类害怕的只是未知。"

"真相是什么其实不重要，重要的是选择相信什么。"

他打败了格林德沃，成了无敌的老魔杖的主人；他保护了霍格沃

茨，在黑暗的年代里守卫着最后的光明；他教导了哈利，告诉哈利关于爱的真谛。他被称为当世最伟大的魔法师，他是正义的化身，是力量的源泉，是哈利心中信仰的图腾，是所有热爱光明的人眼中永远翱翔的凤凰——人生至此，可谓了无遗憾。

可是，当他在冈特旧宅里戴上回魂石做成的戒指，当他在山洞里喝下致命的药水，他发现自己从来没有忘记，他发现自己永远无法解脱。

那一刻，他才是真正的阿不思·邓布利多，一个褪尽光环、洗尽铅华的凡人。有些错误注定无法弥补，有些悔恨注定无法磨灭，有些选择注定无法被原谅，有些眼泪注定无法被拭去。他老了，他已是英雄迟暮，残阳如血。该逝去的，总归要逝去。

都说苦海无边，回头是岸。可是他回头，却找不到自己的岸。

西弗勒斯·斯内普：国士无双

他用银色和绿色编织了自己的一生，却用一生来守护金红的传奇。现在他死了。呵呵，人都要死，那也没什么。可是莉莉爱过他吗？伏地魔信任过他吗？哈利原谅了他吗？邓布利多利用了他吗？直到死，他也不知道这些答案。我有的时候真的很不明白，他为什么会爱上莉莉？他为什么要加入食死徒？他为什么在知道邓布利多安排了哈利的死亡之后还忠诚于他？他为什么永远不要让哈利知道他是关心他的？真是个奇怪的人呢。

可这才是西弗勒斯·斯内普，干干净净，轰轰烈烈，没有半点儿拖泥带水。既然他爱的人永远不会爱上他，既然他亲手葬送了他爱的人的生命，那就让他做一个没有爱的人吧！于是他对哈利说"摔断胳膊也要交作业"，叫赫敏是"一个令人无法容忍的万事通"，讽刺罗恩"实心到在这间屋子里幻影移形半英寸也做不到"，他"害"了小

天狼星，他"杀"了邓布利多，他"伤害"了乔治，他"出卖"了哈利，他几乎已经成功地隐藏了他的爱，他几乎已经成功地让所有人都恨他，他承受的那一切，邓布利多也未必承受得了吧。

可惜那头高贵的银色牝鹿，终于还是泄露了他全部的感情，让他惹来无数眼泪。杀身成仁，舍生取义，这并不难，难能可贵的是忍辱负重，续绝兴灭。可惜的是，直到他死，他也不知道，他为之奋斗的一切，是不是会有结果。

当他离开这个世界的刹那，他所能抓住的最后的温存，只是那双墨绿色的眼睛。当紧紧盯住哈利的——也是莉莉的眼睛时，你看到了什么，西弗勒斯？你看到莉莉了吗？你看到她对你的爱了吗？你看到当年青梅竹马的年纪里，那个荡着秋千的女孩儿，冲你微笑了吗？

"阿不思·西弗勒斯（阿不思·西弗勒斯·波特，哈利的孩子），你的名字中含有霍格沃茨两位校长的名字。其中一个就是斯莱特林，而他可能是我见过的最勇敢的人。"这是莉莉的儿子对你的评价啊，你听见了吗，西弗勒斯？

019

金秋里的丹桂飘香

张芷瑜

秋天，是一个忙碌的季节，是一个金色的季节，是一个收获的季节。在这个时候，桂花，是绝不可缺少的。

我家门前有几棵桂花树，只要一入秋，树枝上便缀满了金黄色的小珠子，十分好看。再配上桂花特有的淡淡幽香，令人心旷神怡。每次上、下学，迎面而来的便是一阵花香。微风吹过，总能带起那熟悉的香气，使我坠入亦真亦幻的梦境，引起我的无限遐想。

这几株桂花树在去年冬天被寒冷夺去了生命，可现在，它们却依然开得非常茂盛。这是什么原因？我便去问外公："外公，我记得小区里的桂花树不是已经死了吗？怎么又开花了呢？"外公想了想，说道："好像在去年冬天桂花树快要被冻死了的时候，园艺工人给它们裹了纸，又输了营养液，才挽救了它们的生命。"我想起来了，当时桂花树已是奄奄一息，大家都认为桂花树已经被冻死了。这时，园艺叔叔给它们穿上了厚厚的"外套"，又给它们输了营养液，这才使我们在这个秋季又闻到了清香。而我当时正忙于复习，准备考试，因此并未注意到这些。

园艺工人，一个再普通不过的职业。但此时，我突然对他们很是敬佩。如果不是他们的辛勤工作，我们能享受到这沁人心脾的香气吗？当然不能。如果没有他们——园艺工人，这群勤劳而又朴实的劳动者，任由花草树木随意繁衍，无人看管，却又开得死气沉沉，那将变成一副什么模样？我不敢想象下去。虽然园艺工人仅仅是一个平凡的劳动者，但他们干得努力，干得踏实，为祖国添姿色。难道，这不伟大吗？这不令他们骄傲自豪吗？

我记得海尔首席执行官张瑞敏曾经说过："如果你能在一个平凡的岗位上每天重复着平凡的工作，并且把它干好，那你就是不平凡的人。"同样，园艺工人每天在自己平凡的岗位上做着平凡的工作，他们干的就是不平凡的事；他们，就是一群不平凡的人！

此时，风中又飘来了一阵淡淡的桂花幽香……

不要吝啬你的赞美

汪玉婷

人生在世，总会取得一些微不足道的成功，总会需要别人充满善意的支持，总会遇到一些不平等或不公正的事情……当你发觉了这一点时，你需要鼓励，需要被证明，更需要赞美。

赞美，可以是一句平常的话语，可以是一个肯定的眼神，也可以只是一秒钟的微笑。这似乎不算什么，却能使人发生脱胎换骨的改变。从这个意义上说，赞美是人际交往中不可缺少的一剂灵丹妙药。

赞美，对于青春年少的我们来说，似乎可有可无。其实每个人都离不开赞美，你希望得到别人的赞美，你也一定要记得赞美别人。

请不要吝啬你的赞美，赞美别人不会让你受到任何损害，相反，在你赞美别人后，看到他们幸福的笑容时，你不是也有一种幸福感，同时也领会到你存在于人世间的另一种意义吗？

对你来说，赞美只是一个简单的动作，而对被赞美者则有可能产生至关重要的影响。

如果赞美只是你感情真实的流露，那么赞美会帮助你发现别人的优点，让你认真品味生活，感受超然。别人也会在你的赞美中发现自己的优势，建立自信。

如果赞美是你善意的谎言，它将会使你发掘出一个人的潜力，让那个被赞美者会心地一笑，然后，振作起来，鼓足干劲，奋勇向前。

请不要吝啬你的赞美，不管是真情的流露还是善意的谎言，请在适当的时候给别人一句赞美。

于是，人与人之间充满了互相关怀的温情。但请注意，不要沉迷在赞美中不思进取，可不要让赞美阻挡了你前进的脚步！

选　　择

李含婷

选择，纠结。

今天的天好蓝好蓝。去参加航空模型比赛的车出发了。经过一个小时的车程到达比赛现场。

此时，心跳得好快，仿佛有一只兔子在乱窜。额头冒着冷汗，变得手忙脚乱。我有三支火箭，只能发射两支，如何抉择令人好纠结。不如来个"小公鸡"吧，我边念边指："小公鸡点到谁我就选谁。"不料，竟选中了我最不看好的一支。

"哎，不行，不行，让这支火箭去比赛，不如让我去跳楼算了。"我托着下巴，靠在桌子上。"可是……"脑海中已没有一点儿思绪。

广播的声音钻入我的耳朵。"就这两支了吧！"我重重拍下桌子，不知心里哪儿来的这股力量。

"万一发射失败了，那可怎么办？"我嘟囔着，又坐了下去。

"都准备好了没有？马上就要比赛了，准备好。"老师两手压着讲台桌，扫视一下同学。

我抓起两支火箭，到了操场。"还好，第一个发射的不是我。"心中感到些许安慰。

轮到我发射了。随着裁判员的口令，我的第一支火箭上了天。我们的目光随着那支火箭飞转。"打开，打开，打开……"我们拍手欢呼。一个三百六十度转弯，火箭落了下来，失败。

近了，近了。"三，二，一，发射！"第二支火箭飞上天的那刻，我的心也飞了起来，"呼……又失败了。"我一屁股坐到了地上。都怪我太贪心了，选了降落伞最大的两个。早知道就选择我最不看好的那个了。

今天的比赛以失败告终。

面对选择，有时太过于贪心，结果适得其反。

出租车上的善意

李宏业

自尊在礼节中是最微不足道的，彬彬有礼是有教养和友好的表示，也是对他人的权利、安逸和情感的尊重。

——爱·马丁

茫茫人海知音难觅，与他人的偶遇，有时只是一个微笑，或者一句暖人心扉的话语，却灿烂了我的少年时光，芳香了我的青春岁月。

他们的容颜或许只剩模糊的影像，但他们的善意却如高悬的明月，照亮我的心灵。

周六的一个清晨，妈妈的一位同事为孩子升学办喜宴，我和妈妈立刻收拾停当，搭了一辆出租车赴宴。

中年的司机留着平头，有些肥胖，他几乎是窝在座位里，像一只慵懒的胖猫，有些腌臜的样子。我皱皱眉头，钻进了车。

一路上无话，车里一片寂静。突然，妈妈的手机铃声划破沉寂。她接起电话，大声笑道："来啦，在路上！"我捂住耳朵，平时倒不觉得妈妈打电话怎么样，可在这狭小的空间中，她的大嗓门儿格外刺耳。不一会儿，妈妈又豪放地笑起来，声音极具穿透力，像炮弹在脑中炸开来，令人头晕目眩。司机没有任何反应，默默地看路开车。但我觉得这种行为太丢脸了，于是我十分恼怒又不耐烦地朝妈妈吼了一句："说话就不能小声点儿啊！吵死人了！"妈妈声音立刻低了下来，像个做错事的孩子低下头，我心中不禁有些得意。

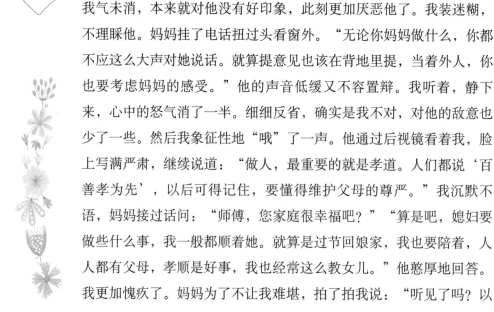

024

这时一直沉默的司机却说话了："孩子，你怎么能吼妈妈呢？"我气未消，本来就对他没有好印象，此刻更加厌恶他了。我装迷糊，不理睬他。妈妈挂了电话扭过头看窗外。"无论你妈妈做什么，你都不应这么大声对她说话。就算提意见也该在背地里提，当着外人，你也要考虑妈妈的感受。"他的声音低缓又不容置辩。我听着，静下来，心中的怒气消了一半。细细反省，确实是我不对，对他的敌意也少了一些。然后我象征性地"哦"了一声。他通过后视镜看着我，脸上写满严肃，继续说道："做人，最重要的就是孝道。人们都说'百善孝为先'，以后可得记住，要懂得维护父母的尊严。"我沉默不语，妈妈接过话问："师傅，您家庭很幸福吧？""算是吧，媳妇要做些什么事，我一般都顺着她。就算是过节回娘家，我也要陪着，人人都有父母，孝顺是好事，我也经常这么教女儿。"他憨厚地回答。我更加愧疚了。妈妈为了不让我难堪，拍了拍我说："听见了吗？以后可要记住这个叔叔说的话。"我点点头，心中不再对他反感，倒是有些敬意了。中年男人挠了挠头，笑得十分开心。

到酒店下车时，妈妈要了他的名片，对他说："师傅，您是一个好人，下次搭车我找您。"他十分爽快地点头，并好心地提醒道："过马路要小心！走了！"看着远去的车影，他的面容浮现在我眼前，他的话语久久在我耳边回荡……

他是一个陌生人，平凡而且普通，然而他的行为将善远扬，将爱传播。我感谢这位司机师傅教给我的做人道理，尽管彼此并不相识，然而其美好的善意会让我铭记一生。"百善孝为先"这句话，将成为我人生中最珍爱的宝贝。

世界因善而美好，人间因爱而美丽。请将自己心中的那份善传递给他人，让人与人之间更加友善，让世界更加和谐。

出租车上的善意，陌生人的善意，是值得我一生享用的奇珍异宝。

025

蒲　公　英

程卓然

记得春天时，自己总是一蹦一跳地去寻找那最奇特的花——蒲公英，然后小心翼翼地将它摘下，高高举起，用力一吹，看着那一把把小伞飘向远方，我甚至会笑出声来，妈妈总说我幼稚，她却不知道，每一把小伞里承载了蒲公英的希望，还有我的祝福。

从古至今，蒲公英并不怎么讨那些文人墨客的喜欢，他们总爱写梅花啊、荷花啊什么的。是的，说到高雅，它能比过梅花吗？说到纯洁，它能比过荷花吗？可是它就是好真实。

那无数的小伞飘向空中，借着风飘荡，忽高忽低，时左时右，有时眼看着就要掉落到地上了，一阵风吹来，它翻个身，又慢悠悠飞上去了，越飞越高，越飞越远，渐渐消失在远方。每当这时，我心中就会有个疑问：那一把把远去的小伞会在什么地方停留？那小小的，在空中飞翔的伞，是你，蒲公英的翅膀吗？

后来我知道了，蒲公英总是在某一个角落里静静地生长着，安静地观察整个世界，等待一个人或一阵风把它带走，不管是谁，不管去哪里，都可以。这是对世界多么彻底的爱啊！

大片的蒲公英飞过，就像一片片雪花，又像天上的仙女。它们不设计路线，不挑剔落点。只是撑起它的小伞，飞翔……

风越久，蒲公英飞得越远，无论条件多么恶劣，地方多么偏僻，它一旦落脚，就会留在那里，毫无怨言。即使落在路边，可能会被行人踩伤，也无怨无悔，依然凝成一缕清香；即使落在瓦砾堆中，只有少许泥土，也依旧顽强地扎根，乐观地成长。它始终在追求着生命的美丽，也许这份美丽并不能让大家认可，但它依旧默默献上芬芳。这是对世界多么广阔的爱啊。

安静地等待，洒脱地飞翔，随遇而安的气度，蒲公英就像夜晚的月光，在不经意的时候，默默发光。

思　念

张泽西

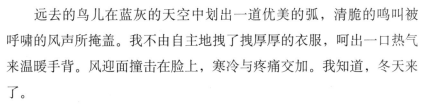

　　远去的鸟儿在蓝灰的天空中划出一道优美的弧，清脆的鸣叫被呼啸的风声所掩盖。我不由自主地拽了拽厚厚的衣服，呵出一口热气来温暖手背。风迎面撞击在脸上，寒冷与疼痛交加。我知道，冬天来了。

　　她离开已经有一些日子了，去北京学习。说实话，尽管在她临走前我十分不舍，甚至希望她放弃这个机会，可她还是毅然地拒绝了我的挽留，执意要去北京。但随着日子一天一天过去，我突然觉得她不在其实也没什么，就是生活少了些跌宕起伏，多了份平淡无奇罢了。因此，虽然我和她每天还保持着通话，但我真正思念她的时间并不多。

　　如今，她留在北京的日子越来越少了。我换上了暖和的棉袄，她的归期也将来到。我们将在冬日重逢。只是不知为何，我的心情像她离开的那天一样，忐忑不安，多了份未知的期待。

　　终于熬到了那一天，周五的晚上，18时37分，她乘坐的火车进站。从家里出发时，我颤抖着手系鞋带，一次又一次地弄成死结。爸爸嗔怪我太激动了，不至于吧。我没说话，竭力平息内心的澎湃。

　　冬天的夜晚格外冷，我皱着眉头，用力搓着双手，盯着车站出口处的楼梯，仰着脖子，不经意地瞥见夜空中几颗零散的星星。凛冽的风从建筑物的缝隙中透出来，它不会懂得我现在的心情。激动、期待、翘望、紧张……都在车站"叮咚"的一声提示声音后毫无保留地喷发、宣泄。我的目光锁紧了楼梯上方。三三两两的人拎着大包小包出来了……没有她。紧接着一大群人如浪潮般涌出……也没有她。我不停地在原地踱步，但目光一直未变。

她出来了！她穿着浅绿色的羽绒服出来了！我看见她了！我卖力地朝她挥着手，甚至高声地叫她："三傻！三傻！三傻！"全然不顾他人诧异的目光。而她也看见了我，一个劲儿地回着："哎，哎！"一边向我挥手。我感觉我从来没有这么兴奋过，在楼梯下跳着、叫着，然后跑去帮她拿行李……她回来了！

我端详着她的脸，她笑意盈盈，好似什么都没发生一样问我，她是不是又有了白头发，看着明显不明显，有没有长胖，看起来还年轻不……我问了很多问题，她对我都没有厌烦。我牵着她的手，头靠在她的肩膀上，感觉暖暖的。

"妈。"我轻声唤她。

"我回来了。"她也轻声地回我，呼出的热气在冬夜中那么明显，又那么温暖，模糊了我的视线，湿润了我的脸颊。我轻轻点头，和她一起回家。

我想，在这个冬天里，在她对我说出"我回来了"这四个字的那一刻，我相信我看到了永恒。

爱 的 弧 度

胡 昕

如果爱有形状，我相信它是一条弧，因为没有棱角，所以不会让我们受伤。

母爱的弧度

母亲的指尖在日光灯的开关上划了一个小小的弧度，刺目的白光充斥了冬日的房间，却战胜不了困倦的我。疲惫、寒冷都在谋杀我的意志，此刻母亲用她并不暖和的手，轻轻将我从床上拉起来。那早饭的香味在房间中若隐若现。我曾无数次向母亲抱怨：睡得晚，起得早，上学的日子侵蚀着青春的躯壳。然而母亲从未向我诉过苦。每一个深夜，她在我熟睡中加班；每一个清晨，她在我睡梦中准备早餐。她一味体谅我所谓的辛苦，我却忽略掉这些年来她透支的生命。那每日6点她用爱划过的小小弧度，已然走成了不计其数的圆，脑海中浮现出了这样一首诗："家乡的女人／总是醒在／家的前面……"

慈爱的弧度

放长假的时候，才有机会去看望外祖母。她漂泊了一生，从江南的老城，到西北的边疆。她没什么爱好，于是她将所有的爱倾注在孩子身上。我晚上洗过头后，第二天起床头发打结，梳头时扯着疼，可我没有耐心去慢慢梳，总是硬往下拽，根根头发就随梳子一起落下。外祖母看着心疼，于是让我坐下。她手中的木梳不知与头发呈何种弧度，从来没有弄疼过我的头发。我明白，慈爱有一种特殊的弧度，那是岁月的沉淀，是厚重的挂念……

友爱的弧度

她比我高，我撑伞时，不注意就会碰到她，于是她一直为我撑伞，从小学到现在。我们一起的时候，从不需要什么顾虑，她从不介意喝我喝剩一半的水，也毫不吝啬地分给我零食。我不看天气预报，于是到了雨天，我总是没带伞，她就帮我撑起一片晴天。她的伞总会偏向我一边，划出一个小小的弧度。可是六年之后，我们不在同一个班。雨天依旧难免，我也依旧不记得带伞，而撑伞的她也不再随时相伴。那天，我从食堂往教室走，下着毛毛雨，衣服已微微沾湿，我也没有在意。突然，一只手把我拉到伞下，并撑出一条偏心的弧。

我知道爱有形状，它是一条弧，也许十分微小，却时刻把我们围绕。我知道爱有弧度，它的曲度很是神秘，也许没有公式去计算，却那样真实可感。

我也知道，那些爱我们的人，是我们生命的指针，每分、每秒都以特定的弧度绕着我们旋转，将我们的人生，走成圆满！

那时，我是小傻猪

范诗柔

小时候，有一次爸爸带我去公园散步。我忽然看见路边的树下，有一个卖糖塑的。他面前的板子上，插满了各种各样的糖塑：胖胖的小猪，瘦瘦的小人儿，展翅飞翔的燕子，张着嘴、弯着尾巴的小鱼……我顿时被迷住了。

我拽着爸爸的衣角，说："给我买一个。"

爸爸说："这个不能吃，吃了就不能说话了。"

"没事，我不吃，光看。"

"不吃？"

"不吃！"我的语气很坚定。

于是，爸爸付了钱。我一把拿过一个小糖猪，高兴得又蹦又跳。然后，在散步的路上，我一直把小糖猪攥在手里，不时地看一看。

回到家里，我趴在沙发上，端详着这个小糖猪：棕色的，薄薄的一层皮，透亮透亮的，里面全是空气。再看看它的造型，真是可爱：四个短小的腿，支撑着肥大的身子，一对大耳朵仿佛会扇动。我想，这小糖猪肯定很甜。

可是，爸爸说吃了就不能说话了。这让我很担心。所以，我又在心里对自己说："算了吧，别吃了。"

　　我就只看不吃。小糖猪的模样很可爱很可爱，它一直诱惑着我，让我很想立即吃上一口。我趴在沙发上，开始了思想斗争。眼看我的口水就流下来了。我终于决定：就舔一下！应该没事吧？爸爸正在厨房做饭，妈妈又没在家，舔一下，他们也不会知道。

　　于是，我小心翼翼地舔了一口。啊，好甜啊！一种美妙的滋味在我口里蔓延开来。我禁不住又舔了几口。正在我暗暗得意的时候，没想到，小糖猪被舔化了，我舔到的地方出现了一个大洞。这让我有些害怕。

　　"小红！"是爸爸的声音。我吓得急忙把小糖猪放在茶几上的茶盘里。爸爸走了过来。他发现了小糖猪上残破的洞。他看看我，又看一看小糖猪，笑着说："你是不是变成小哑巴了？"

　　"没有啊！"这时我才发现我被骗了，原来吃了也能说话。

　　"你骗人！你骗人！"我大喊。

　　爸爸哈哈大笑起来。他拿起小糖猪，递给我："吃吧，吃吧，小傻猪！"

032

寻春

　　沿着隐没在灌木丛间的石板路前行，脚旁是刚发芽的青草，这早春的草是要遥望的。抬眸远眺，好一片绿色，或深或浅，或高或低，像一块起了皱的毛毯，又似调皮的毛小子打翻了画家的颜料盘。俯首，浅浅的一层绿草，毛茸茸的，有的伸出浅绿的半个身子，有的却只伸出个脑袋。

寻　春

段嘉婷

　　早春的清晨还带着丝丝冬天的气息，薄薄的雾气淡淡地笼罩着大地。一阵微风吹过，让人觉出一丝寒意，又让人有种莫名的兴奋。迈着轻快的步伐，我在小区里寻找春的足迹。

　　仿佛一夜之间，干枯的树枝上就抽出了嫩芽。两侧浅绿的叶衬托着小巧精致的鹅黄色的芽，星星点点地散在分权的枝丫间，像乐谱上的音符。轻踮脚尖，用手抚过娇嫩的叶片，细数条条清晰的脉络。鼻尖亲吻枝头，一股淡淡的清香滑过，耳畔传来树干的低吟，又似一声古老而沉重的呢喃，沉睡的力量正在苏醒，心底油然而生一股对生命的敬意，地球都在宣告着新时代的来临。

　　沿着隐没在灌木丛间的石板路前行，脚旁是刚发芽的青草，这早春的草是要遥望的。抬眸远眺，好一片绿色，或深或浅，或高或低，像一块起了皱的毛毯，又似调皮的毛小子打翻了画家的颜料盘。俯首，浅浅的一层绿草，毛茸茸的，有的伸出浅绿的半个身子，有的却只伸出个脑袋。

　　一阵暗香浮动，抬头，好一树银花璀璨，顿时，宁静抚去了心头的浮躁，黑褐色的枝头缀满了白花，五朵花瓣托着粉红色的蕊，晶莹的露水滑落，打在下一朵花上，花瓣微颤。有的含苞待放，花瓣紧紧

合拢，只在上面绽开一个口；有的悄然开放，花瓣缓缓开启，像刚睡醒的孩子，舒展着柔软的肢体。粉色的花儿隐匿在白的中间，好似茫茫雪原里的一枝红梅。这儿一丛，那儿一簇，挨挨挤挤的一树繁花似夜晚的闪闪星光。风鼓起腮帮一吹，一把小伞便缓缓落下，旋转着，跌入泥土。

一声清脆的鸟鸣打破了宁静，一旁的枝头，两只雀儿歪着头打量着我，又挨在一起低声交谈。片刻，它们发出一串清脆的歌声，展翅高飞，空中留下一道美丽的弧。我还来不及问候它们，就被一阵新的鸟啼打断。原来是花园里晨练的人们惊醒了睡梦中的鸟儿。鸟叫声，晨练人们的喧哗声，音乐声，瞬间响成一片。一轮红日从高低错落的楼房间冉冉升起，跳跃的红色敲响了新一天的钟声。一年之计在于春，一天之计在于晨，在这美丽的早晨，我寻到了春，寻到了新的希望。大地在苏醒，我也走进了人生的早春，我的内心有一个声音在呐喊，那是一声急切又遥远的呼唤，唤我早日走入春天，看世界繁花一片。

让　　座

李　想

公交车是社会的一个小窗口，乘客们偶然在此相聚，转眼间又各奔东西，一切都平平淡淡。但是，有一件小事却深深地刻在我的心底，让我久久难以忘怀。

那是去年初夏的一个早上，当时正值上班高峰，路上行人车辆如织。我乘坐公共汽车返校上课，听着充满耳际的喧闹声，不禁皱起了眉头："咋这么多人呢，挤得像葵花籽。"

转眼间，又到了一站。车门刚一打开，就一窝蜂地又挤上很多人，其中一个抱着孩子的年轻妈妈，就站在我和一个男孩儿的座位旁边。"哪位给抱小孩的乘客让个座？！"售票员忙着帮她找座位。我也想站起来，可又觉得站的滋味很难受，于是装作没听见。而坐在我身旁的那个瘦男孩儿，一边向我身边靠了靠，一边微笑着对我说："往里面挪一点儿位置，好吧？！"我不满地瞥了他一眼，心想："你又不让位置，充什么好人？"

那年轻妈妈个头儿很矮，抓不到车顶上的拉手，只好费力地稳住身子。手上那个胖嘟嘟的孩子显然成了她沉重的负担。就在我迟疑之间，身边的男孩儿突然伸出双手，对年轻妈妈说："阿姨，我帮你抱孩子吧！"我在心里暗笑："这人真假！想在人前出风头，那就把位置让出来啊。"再看那年轻妈妈只是笑了笑，没有作声。那男孩儿只好尴尬地收回了双手。"哼！想在我面前充好人，出风头。活该！"看着他那个样儿，我更乐了——为他自讨没趣而乐。

过了一会儿，那男孩儿突然扶着椅背站起身来："来，阿姨。坐这儿吧！"那年轻妈妈连忙推辞："不用了，不用了！""没关系的！"说着，那男孩儿硬把她娘儿俩按到座位上。然后轻轻捏一下孩子胖嘟嘟的小脸蛋儿，绽开了灿烂的笑容。

此刻，我感觉身下的椅子好像长出无数钢针，我第一次体会到坐着比站着的滋味难受得多。于是，我悄悄地离开了座位，站在那男孩儿的身后。忽然，公共汽车猛地一刹，强大的惯性使我失去了平衡，身子不由自主地向前栽去，一脚踩在那男孩儿的脚背上，可是他竟然一点儿反应都没有。当我连忙向他道歉时，他只是奇怪地向周围人身上看去。我暗自纳闷儿："这男孩儿，真古怪。"

终点到站了，人们蜂拥而下。等别人都下了车，我才与那个男孩儿走出车门。我走在他前面，忍不住又扭头看了他一眼，只见他的左腿直挺挺地朝前挪动着，还发出轻微的响声。我怔了一下，突然明白了，原来是——假肢！

我怔怔地望着他从我面前走过，一挪一挪地离我远了。我脸上热辣辣的，心绪久久无法平静……

姐姐，请你原谅我

袁　烁

037

说起童年，我就总不免想起她。

小学时，妈妈与爸爸工作太忙，所以把我送进了"小饭桌"。那天中午放学后，我去"小饭桌"。路上，突然有人问我："小弟弟，怎样去'金太阳小饭桌'啊？"我转过身，看到是一个个头儿比我高很多的女生。我想都没想，便对她说："我就在那儿，你跟我来吧。"

我因此认识了她。后来放学，我几乎每回都能遇到她。在"小饭桌"，我一有不会的问题就问她，她总是耐心地给我讲。我的成绩也从班级的中游挤进了上游。

她不仅教我题，还帮我改掉坏习惯。那时我喜欢一本叫作《阿衰》的书。我每天做作业前总会看上一两个故事，虽然很高兴，却常因此做不完作业。我因此多次被妈妈数落。她听说后，便常常提醒

寻春

我，让我写作业。受了她的提醒，我感到惭愧，便暗暗地约束自己，每天按时写作业。

课下的时候，我遇到了困难，也会找她诉说。她就帮我想办法，开导我，安慰我。慢慢地，我把她当成姐姐了。

有一天傍晚，我写完了作业，正要出去玩时，姐姐拉住了我，对我说："你说，我要上了初中，你会怎么样？"她有些严肃地说。听了这话，我以为她故作凝重，跟我逗着玩，心里便想："嘿嘿，测测我想不想你，我就故意让你失望！"

我对她说："你走吧，走吧，走吧！永远别回来，我又不想你。"说完，我便跑了——就在我转身的瞬间，我看到，伤感笼罩了她的脸。

姐姐真走了。当听到这个消息时，我一下子蒙了，我那天还以为她跟我开玩笑呢，没想到，她那是跟我告别！——唉，姐姐，你在哪儿？我那天的话伤了你的心，可我不是有意的，你能原谅我吗？

038

这件事已经过去好几年了。可直到现在，我依然有这个心结、这个遗憾。每当听人说起小时候的事情，我就不由自主地想到姐姐。我多么想再一次见到她，请她原谅我啊！

烟雨江南月

薛洁茹

"江南好，城阙尚嵯峨。故物陵前惟石马，遗踪陌上有铜驼。玉

树夜深歌。"这是纳兰性德《梦江南》中的词句，伤国情切，怅然忧兮，给那秋雨绵绵的江南罩了几抹哀伤。看着夜色中的雨，密密地模糊了灯红酒绿的光影，远远的月光被虚化了，倏地想到了那雨中水乡的月。

西湖在雨中悠悠地静伫：看着月影在水中洒下一片宁静，一片片波动的银白，伴着涟漪在诉说着什么。我抬头看着被雨雾模糊的月，仍是纯净的，只是多了份忧伤与叹惋，和着雨的哀曲，像是一双悲切的眼眸，流淌的是对那英魂与哀伤的宋的叹息吧。

那月影的清辉照着栖霞岭的南麓，那金戈铁马、忠心可鉴的英雄岳飞的墓，和着雨的凄切，叹着岳飞的命运：岳家军与岳飞将军是岌岌可危的南宋的拯救者，那身着胄甲的身姿在战场上腾跃，划过一条轻巧的弧线，敌人土崩瓦解。他是如此英武与智慧，他的赤诚天地可鉴，他的雄才日月共赏，他为了南宋、为了百姓奋勇战斗，他是胜利者，只因"莫须有"的罪名，他的性命被夺去，他的殒命也使南宋彻底陨落。月光静静照着西湖，那青山下所埋的忠骨是被软弱杀戮的，是为封建专制所屠亡的，他虽有战功赫赫，但却不敌奸佞谰语，那八尺之躯可以戮杀敌军却无法定夺自己的存亡，在腐败的王权面前灵魂的英勇就这么渺小，他只有走向死亡。

月光里他静静沉睡在那湖山里，月为他忧怨，雨为他泣诉，在那雾色里，我仿佛听到了那时戎马铁戟的嚣叫声，那英勇无畏的厮杀声，也听到了那战鼓的隆隆声；我仿佛看到了在月光中军士的前行，看到了他的容貌与身影，在月中的遒劲如松。月的皎洁，江南水乡的温融，就像是他那刚强外表下对家国的最本真的赤子之心。

那月光渐渐地清亮起来，雨渐渐落下，是的，那清辉投在湖面上的是一种理解与释怀。

月光像是一曲宁静的筝曲，伴着湖水的微响，诉出对他的理解，那样的选择是无奈的，也是必然的，但那无奈中是刚勇，那必然中是无畏，他将那对国的深沉的思念与眷念投在那逝去的热血里，投在对人世最后的印迹里。月见证着，烟雨中的月见证着，那天上的清辉与泪水见证着，叹惋着，最后释怀了。

江南烟雨的月是特别的，是因为对英勇灵魂的思念与见证吧，惆怅中凄清，凄清中明亮……

我爱三亚的大海

严怡钧

我爱大海，尤其是爱三亚的大海，爱它的种种精致。每当我看到三亚照片中大海的各种姿态，我的心就会愉悦。

去年暑假，我和家人来到三亚度假，我们住的宾馆紧邻大海，每天都能和大海亲密接触。

三亚的海一望无际，海天相连，分不清哪里是海，哪里是天，海水碧蓝碧蓝，非常美丽，因为阳光的照射，颜色变化多端，真的无法用语言去展现它的磅礴和美丽。

清晨，海浪从天边慢慢涌来，述说着新的一天的到来。然后海浪逐渐后退，它经过的每一寸沙滩，都变得湿湿的。中午，太阳升到了头顶，火辣辣的太阳无情地照射着沙滩，我们顶着烈日，涌向沙滩，扑向大海的怀抱。黄昏时，太阳逐渐从海平面消失，海水在夕阳下闪闪发光，像斑斑点点的钻石一样点缀其中。我坐在海边欣赏着大海，聆听着大海澎湃的声音，等着波浪不时地来轻抚我的双脚，惬意极了。

　　我还爱海边的沙滩，三亚亚龙湾的沙滩非常干净，踩在上面感觉非常舒服。我在沙滩上疯跑玩耍，扭头一看，哇，一串串脚印。我对大海呼叫，海浪一层层向我扑来，亲吻着我的脚丫，在我的脚丫上轻柔地按摩着，舒服极了。可是，突然，大浪花来了，它仿佛要把我卷走，感觉又刺激又有趣。

　　在三亚潜水是最有趣的。这一天，我们来到了天涯海角潜水区域，潜水教练热情地向我们讲解有关潜水的知识，然后我穿好潜水服，带上氧气瓶，再带上潜水镜就下水了。哇，水凉凉的，很舒服，教练先让我们在水面上做练习，大约十五分钟后，我们要潜入海底了，我太激动了。开始，我一时不能适应用嘴呼吸，慢慢习惯后，也变得灵活了。

　　我透过潜水镜往下看：珊瑚礁数不胜数，应有尽有，红珊瑚鲜艳美丽，灰珊瑚坚硬无比，各种海鱼在水里嬉戏着，左右两侧，海鲫鱼和海鲷鱼正在寻找食物，我刚靠近它们，它们就一溜烟地跑了。还有一些带着斑纹的颜色亮丽的小鱼在水中游来游去……第一次亲身体验潜水，我很兴奋，但水下压力太大，耳朵有些疼。于是，我做了一个向上的手势，教练就带着我回到了水面。

　　这次潜水，虽然时间不长，但给我留下了很深的印象，也留下了很多别致的照片。

　　大海是美丽的，它的性格多变，有时气势汹汹，有时轻歌曼舞，有时平静淡定……它像个万能的演员，扮演着各种角色，我爱大海，更爱三亚的大海！

他的歌声里

胡千纤

> 忧伤的歌，唱给自己听。一个人，伤心时，要清醒，不要彷徨，坚定执着地走下去。

——题记

"吱——吱——"手不停地抖，双腿也不由自主地颤抖，二胡无奈发出噪音。我用余光瞄了一下台下的评委——评委们正百般无奈地看着我，仿佛在看一只想飞高而又折翅的麻雀。唉，考级时竟忘记曲谱，糗大了！

"好了，好了！全都拉跑调！下一个！"一个评委叹了口气，挥挥手，无奈地摇摇头。

"不，我……"眼泪夺眶而出。评委那一声叹息冲击我脆弱的神经。

"下一个！"评委粗暴地打断我那貌似多余的解释。我一边小声啜泣，一边慢慢地走出。大家都奇怪地盯着我，什么眼光都有。

街边，人声鼎沸，但热闹与我无关。云黑沉沉的，仿佛要下雨了一般。

我拦了一辆的士，哽咽地说出要去的地方，便拿出MP3，插上耳机，一曲许嵩的《浅唱》传入耳膜："无所谓，该放就放别让自己那么累；无所谓，自由自在地飞……"他空灵的声音如天籁一般，缓缓地飘出来。温柔的音符，瞬间变成一双温暖大手，抚摸着我心中的哀伤与痛楚……

掌心微痛，把我从歌声中拽回来。擦干眼泪，头微仰着，默默地下决心：绝不放弃，一定要考优！

从此，每天清晨，我在他的歌声中拉响了二胡，开始练习；夜晚，我拉完一曲，在歌声中酣然入梦。

累了，当我想放弃时，"是是非非你要勇敢去面对……"歌声又在我心头萦绕。倦了，当我想偷懒时，"该放就放别让自己那么累……"歌声再次在我心头唱起，激起我前行的勇气。

他的歌声，激发我的斗志；他的歌声，激励我坚持。

时间如白驹过隙。

再次来到相同的地点，站在相同的位置，面对相同的评委。此时，我胸有成竹，泰然自若。

我上台，坐定，深呼吸，调好弦。悠长的二胡声，从手中飘出，似春风拂过绿茸茸的草地，像画眉在枝头婉转歌唱；有时如秋雨瑟瑟，有时如轻云无定地飘浮……

"好美的音乐！""这孩子，真不错！"……

我微笑向评委们鞠了一躬。评委眼里流露出满意与赞许。

街头，迎面驶来一辆的士，我微笑着拦下。

车缓缓开动。我悠然欣赏沿途风景，他的声音如藤蔓一般，萦绕在我的耳畔。

"……别再轻易掉眼泪。是是非非你要勇敢去面对……"我静静地听，心里弥漫一种说不出感受——欣喜，安慰，还是……

窗外景色如翻书一般，一缕七色阳光瞬间落进我的眼眸，一滴晶莹的泪珠缓缓地滚落下来。

"原来，你的歌声一直在我的内心深处，未曾离去，也未曾忘却。是你的歌声鼓励着我独自清醒地努力向前……"我默念。

打开车门，就像扭开储存阳光的匣子。满怀的阳光，热情地拥抱着我——啊，天晴了。

秋　菊　赞

范斯文

"芳菊开林耀，青松冠岩列。怀此贞秀姿，卓为霜下杰。"瑟瑟秋风中，一株株秋菊擎着沉重的花盘，撷着自信、豪气与傲霜的坚韧，走进无数文人墨客的诗页，也落入我心间……

秋日里，微微寒风中，我与家人来到了圆明园的绮春园旧址，那里菊花竞相开放。游人似溪水一般绕着花径徜徉，不经意间，她就那样闯入我的眼帘。只见那细长的茎叶上擎着一朵浅紫色，花瓣微微蜷起，花瓣的颜色由浅到紫。它就那样恣意地舒展着细长的腰肢，仿佛古代女子微舞轻柔的水袖，拂动着一池秋意烟波。在这片姹紫嫣红的世界里，她显得如此端庄、孤傲，她的美丽浑然天成，不带半分污浊。她如此自信，展示着天然的风姿。

不能驻足太久，无奈随着人流前行，香气渐浓，拐角处一株菊花令我震撼。带刺的叶、茎，深红的花瓣内里，外层则是灿烂的金黄。金红两色形成鲜明的色差，不由让我想起古代将军出征时的帅旗。红色的旗面，四周缀着金黄色的流苏。与先前的幽独淡雅截然不同，他

的豪迈粗犷、气冲霄汉不由让我想起黄巢笔下的诗句——冲天香阵透长安，满城尽带黄金甲。当年的黄巢滞留长安城，满城都是盛放的菊花，金灿灿一片，好像将士们穿着的铠甲一样耀眼。处在万丛菊花中，恍若置身战场，飞沙走石，战地黄花分外香。不是每个人都拥有那样冲天的万丈豪情，但也只有这样豪气冲天的人，才能与群众一同"冲天香阵透长安"啊！

园中更多的，便是些深红、金黄的绣球样的菊花，再次让我眼前一亮的是一朵洁白如雪的菊花。花瓣纤细瘦长，一如瘦金体那般清秀。从蕊部到花瓣梢，通体雪白，像白色的雨花石，透着莹润的光泽。只有蕊部泛着些微浅的鹅黄，显得冰清玉洁，又像是飘然欲仙、仙风道骨的长者。望着眼前的菊花，我的眼前不由浮现出一幅陶渊明的田园生活图：一男子一袭白衣，面颊清瘦，身材瘦长，"采菊东篱下，悠然见南山"。他执盏而饮，自得其乐，视荣华为浮云，不与世俗同流合污。"心远地自偏"，在喧闹的尘世间，处于浊世而不受其染，陶渊明身上便有着菊花的隐者的气质。

秋风瑟瑟，落英缤纷，没有多少花选择在这样的季节开放。但，此处，圆明园，中华人类文明的废墟之上，花开遍野，香满秋日！斜阳之下，孤零零的，秋菊的身影有些寥落，隐约还可见它坚韧的傲骨。沿着蜿蜒的杂草丛生的小径，走出那片散发着淡淡幽香的菊园，幽幽然抬起头来，那是一带朦朦胧胧的南山……

金　秋

徐海亮

盼望着，盼望着，北风来了，秋天的脚步近了。总算盼到了"十一"的长假，可以回老家看爷爷了。

进了院门，一切就像要睡着了的样子。爷爷家院子里的大白猫再也不像暑假时那么好动，在门前的脚垫上趴着，尾巴弯弯的，和小爪子一起缩在身子下面。不知是太阳光晃的还是真的太困了，见我开门进屋也只是微微睁了睁眼就又睡了。爷爷还是坐在老地方，一个旧的脱了漆的躺椅上，只是上次见他时手边的大扇子已经换成了小茶壶。我把妈妈新买的电婆子放到小柜上，和爷爷说了几句新学校的事就出了屋。

院子很小，也没有大白猫陪我，忽然觉得盼了一个多月的假期让人有些失望。坐在小板凳上捡了几片叶子，看着地上的小草慢慢地弯下了腰，金黄的树叶点缀在树枝间。秋天没有冬天的千里冰封，没有春天的桃红柳绿，也没有夏天的清风鸣蝉，但秋天有着它自己的好。我看着，想着，慢慢站起身来到大门口的那棵枫树下，枫树叶斑斑点点已经有几片变红了。一阵阵秋风吹来，枫叶摇摇摆摆地落下来了。有的枫叶像孩子一样，依依不舍地离开了母亲，投入大地的怀抱；有的枫叶像小鸟一样，在空中展翅飞翔；还有的像舞蹈演员一样，翩翩起舞。我小心翼翼地捡起一片枫叶，仔细一看，枫叶分为叶柄、叶片和叶脉三个部分。它的边缘像锯齿排列整齐，我原以为很锐利，但用手一摸，觉得很柔软。小心地把枫叶夹在漫画书里打算带回家，想着不能一起来的表妹，她一定会喜欢。

吃过午饭，大人们开始讨论要不要留下过夜。我实在没事可干就求爸爸给小叔打电话，叫他来陪我。在这儿，我最好的朋友就是还没有我大的小叔。不知今年他会不会还带我去他家地里挖花生、掰玉米。睡过午觉他才来，我每次都会很认真地叫他小叔，总是搞得他不好意思。我们计划在天黑前好好地到外面转转，这里是他的地盘，每个见到他的人都会搭句话，多半是"城里的侄儿来了！"我每年来几次，都短短几天，在我看来他们都一个模样根本就记不住该叫他们什么，每次见人说话只能笑笑，简单说句："您好！"

路上每一片落叶都成了我们的玩具，我们约好玩猜拳，唯一的要求就是要每步都要踩到树叶。玩着玩着我就渐渐地败下阵来，我们离得太远了就不好玩了。我们决定还是直接出村，看看有什么可玩的。

047

村子不大，周围都是庄稼地，远远的就是大山。绕过两个小院就可以看到农田，一直蔓延到山脚下，一片片紧挨着，高高低低种着不同的农作物。我们在田间走着，天空现出了柔和的光辉，澄清而又缥缈，使人们如同听到高飞的云雀在那蔚蓝的天空中歌唱："秋天到了，快丰收吧！"金秋是收获的季节，人们怀揣着丰收的喜悦，袋子里装满了辛劳的报酬，心里涌动着来年的期冀。

在金秋里，我实实在在感受到了家乡的美。我也渐渐明白爷爷为什么要在退休后回到家乡，在小村庄里生活。

古城小吃——羊肉泡馍

梁润嘉

一个经过三千年时光，被一代又一代的文化所熏陶的古城——西安，至今都还古风浓郁。

西安的小吃可谓多矣，在饮食领域独占鳌头。如果要让人挑选出小吃代表队，毋庸置疑，那一定是回民街了。由于历史的积淀，造就了回民街的小吃不下三百种，那些美味真是让人回味无穷啊！

羊肉泡馍，大概西安人都爱吃吧，我最喜欢的就是回民街的羊肉泡馍了。记得小时候每次去回民街，都会先来一大碗和老妈一起分享。

吃泡馍的第一步是掰馍块。掰馍块可要有耐性，肚子太饿的、干事不专一的可要吃大亏了，因为馍要自己来掰，馍块既不可太大，太大了，肉汤就不能进入到馍块中间，馍块吃起来中间就会发干发硬；也不能太小，太小，肉汤一煮，就会黏糊，甚至不成形，不筋道；大小适中的味道刚刚好。

在一番"辛勤劳动"之后，你就可以尝到泡馍啦。不过它可不是单枪匹马来上阵。泡馍的汤里有羊肉、蔬菜还有少许粉丝。辣椒则是依个人口味来定夺，放不放随意，放多放少随意。不过我个人认为，不放辣椒汤更醇。汤外还有糖蒜来提味。这个南方人大可放心吃，糖蒜的味道不太辣，一口咬下去便会有甜甜的汁液流出。

　　等热气腾腾的泡馍摆在面前时可别再犹豫了。不过注意，这时候如果你因为泡馍太烫而搅拌降温，那样会使馍变得面面的，无任何新鲜口感。泡馍的吃法是有讲究的：要从靠碗边的一点儿一点儿拨着吃。靠碗边的不那么烫，等汤不如先前那么烫了，再开始向里慢慢扩张，最后再将肉汤"一口干"，真可谓冬天吃着暖，夏天吃着爽。

　　远方来的吃货们在吃完一碗泡馍后犹豫了："你说我是再吃点儿别的呢？还是再吃一碗泡馍呢？"不过本地人则不会担心，只要想吃，下了班下了学就可以去吃，各条路都有泡馍馆。泡馍只是陕西小吃的三百分之一，那就再想想剩下的吧！吃货们蠢蠢欲动了吗？

　　我爱我的家乡，更爱我家乡的小吃——羊肉泡馍。

一棵小树

张诗琪

049

　　在一个美丽的花园里面，开满了郁金香、风信子和玫瑰等花儿，它们幸福地生长着。

　　花园里所有的成员都那么快乐，唯独一棵小树整日愁容满面。它一直被一个问题困扰着，它想知道为什么自己开不出美丽的花。

　　郁金香认为它不够努力："如果你真的努力了，一定会开出漂亮的郁金香花。"玫瑰说："别听它的，开出玫瑰花更容易！"小树按照它们的建议拼命努力，但它越想和别人一样就越加痛苦。

寻春

有一天，鸟中的智者——雕，来到了花园，在听说了小树的困惑后，它说："你不要浪费生命，去变成别人希望的样子，你就是你自己，你要试着了解你自己，你要学会倾听自己内心的声音。"说完，雕就飞走了。

小树自言自语："了解自己？倾听自己内心的声音？"那一刻，小树若有所思。很长时间小树琢磨着雕的话，尝试着倾听自己内心的声音。有一天，它终于恍然大悟："你永远也开不出漂亮的郁金香花和玫瑰花，因为你不是郁金香，也不是玫瑰，你是一棵树。"

小树不再为自己不会开出漂亮的花而纠结，它默默地生长着，多年后，小树变成了大树，有了属于自己的更广阔的空间，它为鸟儿提供筑巢的场所，为游人献出清凉的绿荫，它也因此赢得了大家的尊重和爱。

050

冰封夕阳

汪一苇

冬日的傍晚，夕阳染红了天空。不一会儿，雪从空中飘落，素封了整个天地。

——题记

我遥望远处，夕阳如同一个耀眼的红球，把整个天空渲染得如一幅绚丽的画卷，美不胜收！

"夕阳无限好，只是近黄昏。"在古人的眼里，夕阳似乎是黑暗前的挣扎，只有观望的价值。"夕阳西下，断肠人在天涯。"一幅在夕阳下离别的景象顿时浮现在脑海之中，十分凄凉。但此时此刻我面前绝不是悲凉的夕阳。它如同一只傲立于西天的雄狮，身上那金灿灿的羽毛在属于自己的天际中大放光彩。那云朵被夕阳点耀如晶亮的红宝石，整个天空的意境似仙宫一般。晚霞照耀在我的身上，我感受到毛孔中血液的升华，整个身躯都在被夕阳洗礼着，净化着。我讶异于太阳在临走前所爆发出的能量，我从内心深处觉得它永远不会落下，永远地辉映天际……

远处的地平线上，夹杂着一个火红的脸蛋儿。在这快乐情绪的感染下群山也变得通红通红的，活跃了起来。而我却不快乐，因为这是它消逝的前兆。不一会儿，天上突降鹅毛大雪，本来被点燃的心又收缩了起来。夕阳不仅要忍受落日之苦还被这雪精灵驱赶着，怪不得古人每谈及夕阳必会顿生一股凄凉之情。我看着此情此景只得向夕阳道别。当我抬起头时不禁愕然了，在风雪这一"相片"中，夕阳依旧停留于那一刻，它仿佛与这景色融为一体。天空中落下的飞雪在这夕阳的照耀下变得金黄，如一个个火精灵在翩翩起舞。雪似乎很有灵性，它想在夕阳西下之前先冰封天地而形成一道奇景。夕阳也用尽自己的余晖想要最后一次笼罩大地，此刻，雪很大却没风，在大雪的远处有一个太阳，那太阳似乎镶嵌在雪中，与雪景融为一体。"鹅毛大雪，夕阳西下。"冰雪似乎凝结住了夕阳，造就了"冰封夕阳"的壮观景象。夕阳依旧不落，雪也在整个灿烂的背景下慢慢地为大地披上一层银纱。

我融入了其中，不再奢求夕阳的不落，因为冰封夕阳，也封住了我那颗炽热的心。

夕阳终会离开冰雪落下去的，夕阳落下，朝阳就会升起的。现在，我似乎已经看到东方的曙光了……

我为零花钱记账

崔　昊

　　从上学期中途开始，每当拿到零花钱的时候，我都会同时拿出我的小账本和圆珠笔，在上面写下拿钱的日期和数目，每当花费的时候都记下时间、用途和金额。而这种习惯的养成源于一个令我难忘的故事。

　　去年春节刚过，爸爸照例外出打工了，不久妈妈也要到爸爸那里去一同打工，因为那儿活不是很苦，收入也不错，而且他们相互还能有个照应。只是这样一来，我就成了一个不折不扣的留守儿童。妈妈临走之前对我说："为了这个家，特别是为了你的未来，我们不得不外出挣些钱。你也不小了，要学会独立生活，自己照顾好自己。"并且妈妈给了我人生第一笔由自己亲自管理的大钱——三百元，这让我很是惊喜，因为此前我每周只有两元零花钱。妈妈还嘱咐我要节约用钱，用在当用的地方，我满口答应。

　　一开始，我还很是珍惜，但是，随着时间的推移，妈妈的嘱咐渐渐失去了作用，我终于经不住诱惑，开始挥霍起来，成了个"落落大方"的人，大把大把的钞票用在了买零食和玩具上面。就这样，我过了几个星期"有钱人"的生活，随心所欲，自由自在，还惹得不少小伙伴眼馋。

可是好景不长，钱如流水一般地花出去了，我从一个有钱的"花花公子"沦落为一个几乎要沿街乞讨的穷光蛋了。但对于我来说，这还不是最不幸的事，因为还有一场大风暴在等着我。

一天，爸爸突然风尘仆仆地出现在我面前，他实在放心不下，请假回来看我了。这让我既喜出望外，又心惊胆战。真应了一句老话"是福不是祸，是祸躲不过"。吃过晚饭，一阵问寒问暖之后，爸爸终于关心起我的零花钱来，当他得知才两个月不到我已囊空如洗时，脸色一下子变得铁青，拳头攥得咯咯作响，吓得我浑身直打战。不一会儿，爸爸站起身，向门外走去，我僵坐在那里一动也不敢动，静待发落。大约过去了十多分钟，爸爸又回来了，脸色也缓和了许多。他与我促膝谈心，和风细雨，问我钱都用到哪里去了，并帮我分析哪些是该用的，哪些是可用可不用的，哪些是根本就不该用的。并要求我以后要为零花钱记账，经常回过头来看看，以便养成节约花钱、合理消费的好习惯。

从此，我便养成了花钱记账的好习惯，这也许对我终生有益。

053

自挣零花钱

杨志余

我很想有自己的零花钱，可是爸爸不给，妈妈也不给，理由是我还小，有了零花钱也花不好。因此，我很不高兴。

一天，妈妈把我叫到跟前，神秘地说："你还想不想要零花钱呢?"我说:"当然想了,可你们不给呀!"妈妈说:"现在你可以有你自己的零花钱了,关键是看你想不想要了。""在哪儿?"我赶紧问。妈妈说:"你可以收集咱们家的废品,比如没用的废纸、包装盒,还有那些瓶瓶罐罐什么的,卖掉它们,卖的钱就全部归你,你不就有零花钱了吗?"我说:"好呀,谢谢妈妈!我现在就开始动手。"

　　我把家里的各种废品都收集起来,分门别类整理好,装上自行车,送到废品收购站,一下子就卖了二十元。我高兴极了,因为我终于有零花钱了,而且是我自己挣的。

　　后来,在我的眼中,废品都成了宝。我随时注意收集家中的废品,爸爸的酒一喝光,酒瓶就到了我手里;妈妈的快件一拆开,包装盒就被我折叠好。我把它们放到家中的废物保管间里,积累到一定的数量就去卖。我还用卖废品的钱买了一只编织筐,挂在自行车后座的外面,以便捡放路上拾到的饮料瓶、易拉罐之类别人随手扔掉的废品。虽然有时会引来异样的目光,但我不在乎,因为我做的是净化环境、利己也利人的好事,并不丢人。在班上,我还发动志同道合的同学拾废品,卖了做班费,得到了同学的称赞和老师的表扬。

　　收集废品去卖是脏了点儿,累了点儿,但是,看到环境更加整洁了,袋中更加实在了,需要用钱时更加方便了,我觉得值。尤其是用着自己辛勤劳动挣来的钱,心安理得,乐在其中。

骗钱之后

裴春华

　　说来有点儿不好意思，我曾为爱慕虚荣而骗过零花钱。

　　那是上学期一个周末的中午，我找妈妈要零花钱，妈妈很和蔼地问："要多少啊？"我很淡定地说："二十块。"妈妈皱起了眉头，说："要钱干吗呢？"我稍稍愣了会儿，说："老师让交钱。"其实这是借口，只因为看到好多同学都买了漂亮的饰品，很羡慕，也想买，怕妈妈不肯给，只好撒了这么个谎。但妈妈似乎没有察觉，从抽屉里拿了一张二十元钱递给我，说："够不够啊？在学校多吃点儿，别饿着自己，要不，我再给你点儿，平时买点儿面包什么的吃吃。"顿时，我感到鼻子一酸，但我忍住了。接过钱，我迫不及待地来到饰品店，看看柜台里那花花绿绿的诱人饰品，再看看手上这张骗来的二十元钱，心里很不是滋味。妈妈常常教育我要做一个诚实的孩子，我总是满口答应。这次，我居然为了虚荣而欺骗了她，我辜负了她的教育，辜负了她的信任，辜负了她的爱。想到这些，我很后悔，忽然觉得这一张钞票，如同一面镜子，它似乎映照出妈妈那和蔼的面庞、忙碌的身影，也映照出我可耻的心灵。我默默地离开了柜台，走出店门。回到家中，我把那差点儿变为饰品的二十元钱又放回了抽屉里。后来，我没有对妈妈坦白，因为我没有那个勇气。

这件事过去不久，有一次上学之前，同样是找妈妈要零花钱，妈妈很爽快地如数给了我。我问妈妈："你为什么不问我要钱干什么啊？"妈妈怔住了，过了一会儿才说："这个问题好奇怪，我给你钱是理所当然的啊！我们忙来忙去，不就是为了你吗？再说，你是一个不随便花钱的孩子，上次给了你二十元，你又完整地放回了抽屉里，我看到了，只是忘了问你为啥一分没用。""谢谢妈妈的信任！"我哽咽着钻进了妈妈温暖的怀抱，妈妈把我搂得紧紧的，似乎永远也舍不得松手。

她

张顾俍

她，淡淡地来到我身边，我嗅到了她指尖上的香。

她乌黑的眸子里总是变幻着让人捉摸不透的几何图形，鼻梁上载着她所有的傲气与矜持。她不常笑，抑或是不笑，嘴唇和鼻梁呼应出一个近似垂直的线条。然而，她体内翻腾的母性温暖却时不时从心灵的罅隙中渗出。站在一片穿黑灰衣服的同事中，最早穿上露肩长裙的她是如此格格不入。

她的美丽与她的职业几乎平行，女生们细细地数着她究竟有多少套不同的衣服，结果发现，整个夏天，似乎只有三件衣服她穿过两次。她很自然地成了同学们的话题。她还没有孩子，于是她把一腔激情全倾注到了我们身上。上课时，摊在讲台上的备课笔记全然成了摆设，她一手支在讲台上，一手在黑板上播撒下一行行潇洒的字迹。看得出神的我们，不知不觉中爱上了这一个个枯燥的数学符号和几何图形。

每天晚上，我们班的灯光总是整幢教学楼最后一个暗下去，那如雪般晶莹的光在淡淡的暮色中染出一方温暖。她总是耐心地辅导我们，她指尖划过的地方留下一抹余香。她的出现让学习生活凭空多出了一片亮色。

这抹亮色在我心中点亮了一盏灯。

我坐在阳光的角落里，掩饰着眼角的一抹流星。

自习课上，突然听到她在教室外面叫我，慌张地抬头，起身，出了教室。

她倚在走廊的栏杆上，绰约的身姿浸在缓缓流动的夕阳中，护手霜的香融化在氤氲的温暖空气中，垂下的长发遮住了她的脸，就像一尊神圣的雕塑伫立在那儿。

她缓缓回过头来，未曾开口先笑了，露出两颗小虎牙，在夕阳中泛出美丽的光。

"这次班级团员推选，你的票数差了一点点，是第六。"

我自嘲地一笑，心想第六和第十毫无区别，反正只有五个名额。但嘴上却道："没关系。"然后忙将头埋进夕阳中去，不敢抬头。

她轻轻地将我的头摆正，将手放在我的肩上，将身子微微俯下，"加油，你可以的！"

她的脸上有两粒雀斑，我忍不住也笑了，夕阳中融着淡淡的香。

她淡淡地走入夕阳，我嗅到了空气中的香。

汨罗江畔的天籁之音

杨延武

列车风驰电掣，载着我的心奔向远方。呆呆地遥望天边的晚霞，脑海里响起一阵柔美的笑声，带我走进记忆的河流。

那遥远的汨罗江畔，有一个美丽的姚家村，那儿住着我的外婆。我五六岁时，父母外出打工，我便与外婆朝夕相伴。

姚家村头顶蓝天白云，背依青山绿水。童年的我在那儿尽情地沐浴着上天的恩泽，不是与东家的小子爬树掏鸟窝，就是与西家的小哥哥捉龙虾，常常因此忘记了时间。晚霞满天时，我仍不愿回家。每当这时，村中的小路边，外婆一遍又一遍地呼唤着我的名字找我，带我回家。那时我太淘气了，总是东躲躲，西藏藏，与外婆玩起转圈圈的游戏。我的外婆是不会像隔壁姚奶奶对小孙子一般大声呵斥我的，而是像个孩子似的，用柔美的声音叫着："噢，我要追到你喽！"这时，我总会回过头来，嬉笑着："来，来追我呀！"然后就扭头跑开。我在前面跑，外婆后面追，我们的欢笑声与清风绿水应和着，随着袅袅升起的炊烟飘向远方……

过年啦！我不仅喜欢外婆精心制作的木炭烤肉——那沁人心脾的香味至今挥之不去，更喜欢让外婆背着去看舞龙灯，而且要外婆抱着我骑到龙头上，我骑在龙头上拍着手高兴地笑着闹着……外婆那温柔的笑声，让我们沉浸在无比的幸福之中……

乐趣丛生的日子总是那么短暂。该上小学了。我不得不挥泪告别外婆，带着最珍贵的记忆，回到了江苏的家。

可人在江苏，心系湖南。外婆那弯月似的眉毛，星辰似的双眼，那一缕早已斑白的秀发甩动间呈现的少女般的风采，那略显沧桑的脸上的慈祥的笑容，一直闪耀在我记忆的星空。尤其是那柔美的呵护声、欢笑声如天籁之音，常常萦绕在我的脑际。

后来，我每年都缠着母亲一起到湖南看望外婆。外婆日见衰老，近年患了重病，可每次见到我们，总是乐呵呵的。她慈祥的笑容、柔美的笑声每每让我回到快乐的童年。

可现在，妈妈告诉我：外婆病危！这晴天霹雳，一下子将我的心击碎了。

列车在愈来愈浓的暮色中穿行，我的心愈来愈沉重。忽然，眼前出现了一个奇异的画面：汨罗江畔，天高云淡，圆月高悬；高山流水，相映成韵。我美丽的外婆闲游其中，她那如歌的笑声回荡在天地之间……

明亮的回忆

马婉宁

时间的海水冲刷着，将记忆的沙带走。但很多事情，宛如珍珠，被我永远地珍藏在岁月那精美的蚌里。

从小学到中学，我一直都是父母、老师和同学的"重点保护对象"。我天生双脚畸形，在四年级、六年级曾发生过严重扭伤，甚至有一段时间无法走路。七年级时，厄运又降临——扭伤最严重的左脚在走斜坡时再次轻微扭伤。唉！真是祸不单行。我是个要强的人，体育却因为这双脚而如此差劲，我不甘心，想与伤脚"搏一搏"。

曾经考出二胡十级，我的书桌里摆满了各种荣誉证书，都未让我真正心动而快乐。但没想到，那一次体育课在我的心灵中竟是如此重要。

"啊？"听到要跑八百米的消息，我们带着"必死"的"信念"无力地"蹦"出了这个字，映入眼帘的只有体育老师轻描淡写的笑。师令如山，我和其他女生只得做好准备。这时，有人关心地说："马婉宁，你脚不好，就不要跑了，伤着怎么办？实在不行你跟着我们走也可以呀！"我用微笑感谢了她们的关切，心中却酝酿着一场与自己的较量。

哨声响了，我们一个个坚定地冲了出去。小学没有锻炼出好体质，我只好用策略，心中暗忖：不要心急，匀速呼吸，调整步伐速度，平分体力，一定能跑下来！冷风刮过我的面颊，似乎也在奚落我："你自己什么体质？也不想想！"侧目，看到一个女生讶异的表情，她很快远远地将我落下。眼泪就要夺眶而出——为什么？你们都瞧不起我？为什么我的脚会是这样？转念，想起母亲的话："你不要怨天尤人！唯一能做的就是奋力去搏！"我深吸一口气，将泪水逼了回去，在心中大喊："我不会输！"将速度提升，又充满信心地跑了起来。

刚刚跑过一圈，我匀速前进，暂时还在队伍中间，我发现节省了很多体力，而且正在以这个优势超过一个又一个人。偏偏这时，肚子开始疼，喉咙像被人抽干了水分一样，火辣辣的，脚也开始"哀号"了。眼看就要前功尽弃，可我耳边总有一种声音在回荡："坚持住！

你已经看到了胜利的曙光！"想起那些讥讽的面孔，又想起自己的一切努力，我咬紧牙关，陡然加快速度，忍着所有的难受，冲过了终点，又如做梦一样倒在了草坪上。

"第五！"男生的喊声将我惊醒。什么？是真的吗？二十六个女生，我第五！刹那间，我泪如泉涌，泪眼蒙眬中看到了一张张惊异的面庞。如果旁边没有同学，我一定会站起来向天空大喊："我赢了！"而现在，我只是静静地躺在草坪上，幸福地笑了。

那一次的开心，是以前所有事情都无法比拟的。那种超越自我的喜悦，像一颗明亮的珍珠，又像是一盏小灯，每次想起都会使我的心明亮起来。

离　　别

061

田雨鹭

故乡是用来思念的，家人是用来想念的，青春是用来追忆的，朋友是用来怀念的。而所有人与事，最终都会有分开的一天……

在我一年级的时候，姨妈给了我两条小金鱼，一条全身都闪着金光，所以我叫它小金子，另外一条是白红相间的，有一双凸出来的大眼睛，我叫它小"秃"子。我每天给它俩换水、喂食，忙得不亦乐乎，有时还抱着鱼缸给它们看电视，给它们讲述电视的情节，每天晚上做梦时，它俩都会闯进我的梦乡。

直到有一天，小秃子毫无生气地漂在水面上，凸出来的大眼睛都好像不那么炯炯有神，那时不明白它已经死了，还把鱼食放进去等它生龙活虎地游过来叼走鱼食。可是它却一直那么躺着，没有动一下。

小秃子死后，小金子好像也没有了生气，整天失魂落魄地往鱼缸上撞。我蹲在鱼缸边天天看，也不知道怎么办，只得天天陪着它。没多久，又一次上映了熟悉的画面，小金子也躺在了水面上，肚皮朝上，一动不动，我明白它是死了，没有投鱼食，静静地看着爸爸两个指头捏着鱼尾巴，把小金子扔进垃圾桶。

我觉得这样不好，又拿了几张餐巾纸，把小金子放上去裹得方方正正的，又找了一个心爱的喜糖盒子，把它放了进去，找到大院中的花坛，挖了一个深坑，埋了进去。那时，小小的心里有了离别的感觉。之后的几天我经常盯着那个空荡荡的鱼缸，想起一个小女孩儿和金鱼说话的情形，眼睛一酸，泪水顿时盈满了眼眶……

那是童年的离别。

也许所有的离别都是一样的，无论是和家人挥手说再见，还是和朋友拥抱说来世；无论是和童年擦肩而过，还是和青春流泪告别，无不充满酸涩。

有人说离别是一首歌，有人说离别是一场雨，我觉得，离别是一杯浓咖啡，每一点儿回忆都是咖啡豆，磨得细腻而又顺滑，深藏在心中；离别也是一部用心拍摄的好电影，给我们的人生留下永久的回忆。

风中桂花香

戴嘉萌

她是我的同学，有一个很雅的名字，叫作林子欣。不过，长相却没那么优雅。在这个小集体中，也不是出类拔萃的人才。但，她就是她，独一无二，不可替代。

在一次写生课上，语文老师带领大家去了后龙山，让大家观察大自然，亲近大自然。很多同学都去捉蝴蝶，玩蚂蚱。我无意间瞥见子欣趴在地上鼓捣着什么。走近一看，原来是她在和一群蚂蚁打交道。事后，老师让大家发表自己的感受，子欣是这么说的："蚂蚁虽弱小，但它的生命很顽强、很可爱，你看……"说着她还捧起一只蚂蚁，郑重其事地拿给大家观赏。

还有一回，班级要在中秋节到来之际举办联欢会，选出了几名演员，打算表演"吴刚伐桂"。月桂的戏份交给了子欣。这戏份不仅微不足道，还得配合"吴刚"，演好月桂树的"伤""愈"。换了旁人，早叫苦不迭了。而子欣却眉眼一弯，笑道："谢谢大家给我这次机会，我一定演好月桂的角色。"

我是这次表演的总指挥，一次次看到那傻丫头坚持的样子，真是又好笑又可爱，觉得她真的与众不同。

演出结束后，同学们口口声声谈论的，都是剧中的英雄人物，月桂这一配角似乎是不存在的。

　　走在放学路上，我问子欣："后悔来扮演月桂了吗？"子欣笑着说："如果后悔的话，我就不会答应来演了。"后来，和她渐渐熟了之后，才明白她为什么乐意去演不说话的配角，为什么会忘情地和蚂蚁说话。子欣，是一个苦命的女孩儿。当我走进她的家时，看到她残破的家四壁空空，昏暗的房屋里充斥着旧棉絮的霉味，她年迈多病的奶奶在床上呻吟。子欣奶奶看到我的到来，艰难地支起身来，摸着我的手不放，说："子欣这娃内向，不说话。可她很能干。幸好有她每天给我擦背翻身……"

　　我沉默了，难怪她以前总是在一边独自一个人玩。我们总觉得她怪，可是她却努力地想成为我们的好姐妹。风中的桂花香，嗅着有些让人陶醉。这些小黄花虽微小，不张扬，却默默地用它的芬芳浸染着每一寸土地。也许，这样的美才够持久，令人沉醉。

064

那些背靠背的时光

那些曾背靠背的时光，在树的浓荫下，在广袤的田埂上，在自由的空间里……无数个背靠背，虽然已经被打上了"过去时"的烙印，但却构成了那段令人怀念的时光，那是我俩在一起时欢乐的剪影。

水晶球里的故事

戴佳萌

　　童话中的巫婆手里把持着一枚玲珑剔透的水晶球，每天，水晶球里都有好多好多有趣的故事。那么，就让我来给大家讲讲"萌女孩儿"的故事。

　　萌女孩儿真的很萌，在她还只是牙牙学语时，就有说不完的话，虽然大家都听不懂她在说什么，但她却津津乐道，自娱自乐，常常自己说着说着就"咯咯咯"笑起来。

　　后来，萌女孩儿会说好多话了。一次，她去姑妈家，姑妈抱着她在阳台上玩。不远处一辆火车响着汽笛来了，萌女孩儿好不激动，摆动着胖乎乎的小手说："哇哦，长长的车子会打鸣。"等火车过了以后，她看到车身后头的灯，又说："车车有红痣。"当即笑晕了几人。

　　再后来，萌女孩儿不再贪玩了，她天天看故事，还给大家讲故事哪。

　　萌女孩儿很快上学了，她每年都能捧回好多奖状，多到一箩筐也装不下，多到房子里都是奖状。

　　你喜欢萌女孩儿的故事吗？那就乘着飞毯，去梦的国度找她吧！

雪人一家

李明莉

一片片雪花，洋洋洒洒，漫天舞蹈，静静地投入大地母亲的怀抱。我窝在火盆旁，在老家的屋檐下，抬头看雪。这是记忆中最大的一场雪。雪停，我们自然不会错过这一展身手的机会。不只是男孩儿，就连平日里文文静静的女孩子们，这会儿也豁出去了，全没了平日里的淑女范儿。我按捺不住，也加入了这个行列。

"啪"的一声，我遭到了"敌军"的攻击，身上留下了一片雪白的"炸药"。我也不甘示弱，捞起一个"飞弹"便扔了出去。就这样，我们发动了若干次进攻，直至筋疲力尽。

我跑到火炉旁边，搓着手，暖暖这冻僵的"红萝卜"。不知何时，母亲站在我的身后，轻声说："冷坏了吧，叫你调皮！"说着点点我的额头。"外头热闹，正起劲儿呢。"我嘟哝着。"真拿你没办法！"母亲一脸无奈，边说边煨着火盆里的两个红薯。我像发现了新大陆似的，眼馋地盯着那两个红薯，问道："是给我吃的吧？""才不给你，叫你贪玩。"我悄悄地瞥见母亲在偷笑。

外面依然飘着大雪，寒风呼啸着卷落一棵枫树上仅剩的一片叶子。那些雪花则各得其所，有的囤积在树杈上，给树枝勾勒出一条清晰的银边；有的停泊在屋顶上，像是给屋子戴了一顶帽子；还有的给马路铺上了白白厚厚的地毯。

风撕扯着一棵秃树，像要把它连根拔起似的，而村子的"热度"却有增无减。我们依旧在打仗！脸蛋儿通红通红的，手指也麻木了。我再一次退出了战场，把手蜷缩到火炉旁。母亲摸摸我的手，顺手拿个红薯塞在我的手上，说："暖暖手，吃吧，可香哩！"我看着那炭黑的红薯，轻轻剥开，香气四溢。我小小地咬了一口，酥里带嫩，香味沁人心脾。

这只是红薯的味道吗？

趁着我吃红薯的时候，母亲挑了一些白菜叶子上的雪瓣，在地上滚了几滚，滚成圆圆的一个雪球。母亲就这么一挑一滚，滚了三个稍大一些的雪球，三个稍小一点儿的球。我有些疑惑。只见母亲又从屋里拿了一根胡萝卜，刀起刀落之时胡萝卜便成了三个小三角块。哦！原来母亲是在做雪人呀！随后，母亲又将小纽扣镶在雪人身上，点出了他们的眼睛、衣服，还精心画了一个笑脸。别说，做得还挺精致。

我将这三个小雪人称之为雪爸爸、雪妈妈和雪女孩儿，是"雪人一家"，将他们的家放置在冰箱里头。

一晃六年过去了，家乡再也没有下过那样大的雪了。不过，那一家人还在，他们被一层层冰块裹着，还笑眯眯的。我想，那水晶宫里住着龙王一家；而这冰宫里，住着雪女孩儿一家。

那些背靠背的时光

肖 童

从懵懂的年龄中走出来，呼吸着不一样的空气，我深深地感觉到童年那段纯真的日子已经乘上时间的小船，悄悄地航行，离我而去……蓦然回首，夕阳将水面映得通红，水面上泛起一阵阵涟漪。我的内心猛地一惊，对往日的生活竟多了几分留恋……

那些曾背靠背的时光，我们在树荫下乘凉。

阳光透过参差不齐的树叶照在我们身上，树荫下的我们玩弄着这乏味的时光。刺耳的上课铃声打破了这份宁静，慌乱中，我们拎起凉鞋，撒腿就跑，全然不顾脚下传来的阵阵疼痛。百无聊赖的日子里，背靠背似乎多了一份安逸，把心中的故事编进梦里。

那些曾背靠背的时光，我们在田埂上仰望。

夕阳愈来愈接近地平线了，一天的生活也渐渐地接近了尾声。田埂上，我们把玩着河水中那细细的柔沙。绯红的夕阳将我们的影子拉得老长老长，影子所朝的方向，是我们心灵的归宿。烦琐的日子里，背靠背似乎多了一份恬静，把烦恼抛进广袤的大地。

那些曾背靠背的时光，我们在房间里遐想。

周围的一切都静止了，紫色的风铃在只属于我们两个人的空间里独奏。泡两杯清茶，一股淡淡的茶香在我们两个人的小世界里散发开来，沁人心脾。压抑的日子里，背靠背似乎多了一份安慰，把心中的不快投给这淡淡的茶香，一去不复返。

那些曾背靠背的时光，在树的浓荫下，在广袤的田埂上，在自由的空间里……无数个背靠背，虽然已经被打上了"过去时"的烙印，但却构成了那段令人怀念的时光，那是我俩在一起时欢乐的剪影。

我们将这份情感尘封在心灵的最深处，因为我们彼此都明白，有两颗心一直牵在一起。友谊——这份独特的友谊，犹如镌刻在岁月中的风景画，需要我们细细地去品味，虽然苦涩，但却幸福。

尽管往事如烟，记忆会随着时间被渐渐抹去，也许，它可能再也不会出现，但我不会忘记——

那些曾背靠背的时光……

070

第一次做饭

丁　晶

人生有许多个第一次，就像沙滩上闪烁的贝壳一样，你永远也不知道下一个捡到的将是什么模样。

那时候觉得做饭是件奇妙的事情，像魔法一样，每到开饭的时候桌子上总会摆满美味的饭菜。因而我总爱看妈妈在厨房忙碌的背影，同时能感受到她的快乐，因为她是在为她爱的人做饭。

晴朗的天总会带给人很好的心情，柔柔的和风吹得楼前那棵树舒适地摇着身子，像是在和清晨的阳光打招呼。妈妈每次起得都比我早，早饭做好都摆在桌子上，温馨的早饭边总贴着一张小小的纸条，写满了温馨的话语，纸条的上面放着刚好温热的蜂蜜水。昨晚妈妈又上夜班了，我想今天的午饭就让我来做吧。我找出了一张便利贴，写道："亲爱的妈妈，中午我做饭，现在去买菜了，你可以多睡一会儿了。"轻轻地贴在了妈妈的手机上。

路边爷爷奶奶们坐在长凳上聊天，聊他们那些陈年旧事，大哥哥们在篮球场上挥汗如雨……走到菜市场的时候，菜市场刚好开门，真是说不出的好运气！一切都是新鲜的。我挑选了几根水灵灵的黄瓜，几个又大又圆的西红柿，几根紫中发亮的茄子，外加一块猪后腿肉，今天中午的材料备齐了。

071

我决定先做了主食——饼，因为我感觉饼太简单了，揉个面球压扁就好了。平时妈妈就是这么做的，我也应该没有什么问题。"面粉在哪里？""咦，这家伙倒是会找地方躲，在小储物柜最下面！"我将面粉倒进妈妈平时和面用的盆子里，"呀，这面粉咋这么淘气！"或许是面粉故意欺负我，或许是我倒面粉时太猛了，竟然呛了一脸的面，好在没吵醒妈妈，我像老鼠一样蹑手蹑脚去洗手间洗了把脸。然后，我照着书上说的，把水一点点倒进盆里，揉呀揉，揉了好长时间，可算是揉好了，汗水没白流！揪出一块面，揉成一团，用擀面杖压扁，表面上撒些白芝麻，用手轻轻拍一下，芝麻与面饼就融合在一起了。打开电饼铛，淋上一点儿油，把面饼轻轻地放进去，万事俱备，只欠出锅了！

现在该做菜了。将洗好的黄瓜放在菜板上，去掉两头，把黄瓜切成薄片。从冰箱里拿了几个鸡蛋，放在桌子上。我还没有回过神儿来，一个鸡蛋很调皮地从桌子上滚了下去，"啪"的一声结束了自己的生命。我蹲下去，边收拾残局边说："你何苦要如此呢，掉在碗里多好。"回答我的只有沉默。最终我还是把它埋在了花盆里，以发挥它的余热。它的牺牲给我一个启发，我知道怎么打鸡蛋了！我把它放

那些背靠背的时光

在碗里，然后拿起，摔下，"Yes！"它破了。我把碎鸡蛋壳一块一块挑出来，然后将鸡蛋打浑，再和黄瓜放在一起搅拌一下。它们入锅时"嗞啦"一声吓到了我，但我是见过世面的，很快平静下来，翻炒着直到出锅。味道还不错，香香的！

红烧茄子，西红柿汤，也都做好了，所有的饼也都熟了。妈妈起来后看到我做的饭，开心极了，疲倦的脸上满是笑容，轻轻地抱着我，亲了又亲，直夸我长大了，懂事了！

第一次为妈妈做饭，虽然有些累，但我很开心。我捡到了一片最美的"贝壳"。

未名湖畔的声音

王钧瑶

时光如水，岁月无声。随着时光的流逝，很多事物都变了样。门前的小河不见了，童年的伙伴失散了，妈妈的眼角爬上了皱纹。但那次北京之行，美丽的未名湖，像盛开在记忆深处的花朵，不经意间的一触碰便光鲜如昨。

上个周末，我乘公交车去书店，车里静悄悄的，窗外的阳光随意地洒在车窗上。我眼角的余光扫着窗外一闪而过的风景，思绪飘出了很远。三年级的时候，我第一次去北京，妈妈特地带我参观了北京大学。我好奇地看着校园内来往的学生，留恋于美丽的未名湖畔，忍不住动了心，我问妈妈："北京大学比清华大学更厉害吗？""一样厉害。"妈妈笑答。"是吗？那我长大了以后也要在这里上学。"我用稚嫩的童声立下了誓言。

车经过了一个坎儿，车身猛地一颤停了下来，让我的思绪飘了回来。这时一对母女上了车，我眼光一滑，立马被那个小女孩儿吸引了过去，她穿着一件印有向日葵的白色卫衣，蓝色的牛仔裤，扎着橘色头绳，一蹦一跳坐在我前面的位子上，她望向窗外，出神地看着，不时还轻声念出一些商店的名字。

"快看，是第一中学。"她妈妈提醒她。她睁大眼睛随着前行的车转着头看向美丽的校园，那古色古香的建筑掩映在绿树之间，简约、雅致、大气。很快第一中学远去了，小女孩儿沉默着，突然她稚气又认真地说："妈妈，我长大后，也要在这里上学。""那你可要努力啊！"她妈妈笑着摸了摸她的头。

仿佛是一颗石子投入了心中的湖泊，激起一阵阵涟漪，多么熟悉的场景，多么熟悉的对话！那时，我也是这样，用稚气却认真的声音说出了这句话。从那时起北大梦便在我心里扎了根，发了芽。只是好几年过去了，一次次的考试，无休止地做题，紧绷着的神经让我倍感疲惫，那个梦似乎沉入了未名湖底，不再清晰。

小女孩儿提醒了我，只要有梦，便有希望。那朵盛开在心底的花，怎能因为一点点困难就凋谢呢？我在心里重又把北大梦拾起来，它一如当初那般鲜艳，永远盛开在我记忆的深处，激励着我不断前行。

老人的船，思想的海

——《老人与海》读后感

孟庆源

　　　在铭刻着艰辛的生活笔记上，写满不屈的意志和傲然的精神。

——题记

　　"人不是为失败而生的！人可以被毁灭，但不可以被打败！"这句话诠释了一个思想，也让海明威笔下的老人拥有了傲骨。"一艘船越过世界的尽头，驶向未知的大海，船头上悬挂着一面虽然饱经风雨剥蚀却依旧鲜艳无比的旗帜，旗帜上，舞动着云龙一般闪闪发光的四个字——超越极限！"这是海明威对其作品的完美评价！《老人与海》也为他获得诺贝尔文学奖奠定了基础。

　　《老人与海》对一个极其完美的"硬汉"形象做了细致的描写，诠释了人在困难挫折面前那铁血般的精神与铮铮傲骨。在一个充满海腥味的渔村，一个老人竟遭到诅咒似的连续八十四天没钓到一条鱼。终于，命运之神发现了这个让他忽略许久的人。神，向他点头了。第八十五天，老人终于钓到了一条巨大的马林鱼。可是，神又向他摇头了。正当老人满怀欣喜返航之时，一群群鲨鱼向着马林鱼发起了进攻，老人使出浑身解数，以乐观的精神、傲然的骨气击败了前来进攻的鲨鱼。可丰满的大马林鱼不复存在，只剩下一副白森森的骨架。

老人是成功的，它以自己的毅力和技巧战胜了鲨鱼，也超越了自己。人性是强悍的，但人是脆弱的。老人虽然用自己的生命保住了他的荣誉，但那只是一堆骨架，而不是全部——他，失败了。

他终于拖着他的荣誉回到了海岸，那个孩子说："对，你没有被打败！"多么崇高的信念啊！人，虽然脆弱，但精神，依旧崇高！海明威让这个老人有了一种不可以被毁灭的力量，那也是一种使所有人折服的力量。海明威以老人为引子，说出了人应该拥有的精神："人不是为失败而生的！人可以被毁灭，但不可以被打败！"

在老人的船上，那血腥的印迹记录着他战胜鲨鱼的那场精彩战役；在老人的船上，那依旧飘舞的帆布书写着不屈的精神；在老人的船上，它那伟大的主人矗立在那儿，彰显着铁血似的铮铮傲骨！

在人生的海洋上，有时风平浪静，有时波涛汹涌。在风平浪静之时，我们不可松懈，要时时未雨绸缪。在波涛汹涌之时，更要守住本心，时刻战胜自我！

枫　叶　情

伍　艳

翻开日记本，猛然间那两片鲜红的枫叶跳入了我的眼帘。这是老师送给我的。它虽然没有似火的光晕，但却蕴含着一种让人咀嚼不透的感觉。它那暗红的颜色，发出耀眼的光泽，好像怕别人忽视了它一样。每一片枫叶都有七个小瓣，我不知道枫叶是否全是这样，但至少我的两片都是如此。叶片的边缘像齿轮一样，不过放心，它不会碰伤你的，因为它很柔嫩，也很善良。

我素来不大喜欢红色的东西，但对枫叶却情有独钟。它红得是那么娇艳，那么灿烂。它超脱了一般的红，冲破了红的庸俗。记得小时候老师带我出去郊游，当我第一次看到枫树，看到那满树的枫叶时，兴奋、激动，好似发现了新大陆。我爱听它的名字，更喜欢自然界中实实在在的它。它不会因为一次秋风而畏惧，一场暴雨而凋落。它们一片片地点缀着这个季节，宛如那傍晚天边燃烧的晚霞，给人最美好的结束标志。枫叶虽不预示着什么，但却以自己独特的风格吸引着我们这群天真纯朴的孩子。它们在我们的心灵深处烙下了一个深深的印记。从那天起，我就成了枫叶迷，常常想起在枫叶林里的情景，就连现在也记忆犹新。仿佛那就是发生在昨天。因此我常和别人一起去那里玩耍，欣赏它们的婀娜多姿，倾听它们的低诉。尤其在枫叶生长旺盛的时候，老师就会带我们去领略它们的美。即使零落的时候，依然美不胜收，恰似一只只红色的大蝴蝶在空中旋舞着，又有雪花的轻盈，不乏柳絮的柔情。偶尔我们也会摘下几片夹入书中，存入我们的生活，它也不介意，仍旧保持原有的风采，用自己最热情的一面接纳我们，欢迎我们。

多少年后的今天我再一次看到了它，再一次注意到它的存在。是我曾经遗忘了它，但以后不会的。因为它的不凡又一次激起了我的爱恋，如果有一天，我长大后，看到它，思念之锚也会将它送到我的面前。即使那是严冬，或是风烛残年，我都不会忘记与它的相识。

这枫叶又让我想起了老师，是他让我发现了枫叶，有了这一段枫叶情……

最美的风景

王　萌

在一片茂密的森林里，阳光透过层层的树叶洒下斑驳的光影，动物们都接二连三地出来晒太阳。晒太阳就免不了要聊天。毛毛虫、黄莺、乌龟、孔雀和乌鸦都叽叽喳喳地谈论着最近发生的趣闻。

当然，每个人都不经意地向大家炫耀一下自己。乌龟在抱怨房价涨得飞快的同时不经意间流露出自己又购得一套新房；孔雀刚穿上一条新的花裙子，据说是从哪个时装周中购买的最新款夏装；黄莺顺便唱了首刚发行的新片主打歌……当问到毛毛虫时，它小声地说道："只，只是刚刚又织了会儿毛衣……"它不大喜欢说自己，总觉得每个人都很美丽，只是自己太土气了。不只是它自己这样认为，大家也都觉得毛毛虫不懂时尚，不懂得为森林创造美丽的景色……毛毛虫在大家你一句我一句的评论中忧伤地回了家。

毛毛虫刚回到家就"哇"地哭了起来。它从来没见过自己的妈妈和爸爸，自己每天都小心翼翼的，生怕出什么乱子。难道这样不对吗？毛毛虫感觉委屈死了，伤心死了。它自言自语道："我没有乌龟哥哥有钱，没有乌鸦哥哥帅气，没有黄莺妹妹有才，我简直一无是处，而且又胖又丑。我是森林里最丑的风景，上天太不公平了，为什么要让我来衬托大家的美丽。我自己也想成为最美的风景……"毛毛虫哭诉着，哭完之后，它难过地将自己胖胖的身体挪到桌子旁，无比伤感地织起了毛衣。

毛毛虫心想，生命这么短暂，我不能如此平静地走过，我也要活得美丽。于是，它默默地进行着一次蜕变。一段时间过去了，大家在迎接夏天来临的时候不免有些疑问，毛毛虫去哪里了，怎么不出来了呢？听说它织毛衣用了好长时间。突然，乌龟一拍手："哎呀，我听说毛毛虫为了变得更好，只好把自己塞进织好的毛衣里成为蛹，它是不是出什么事了？"孔雀着急地走来走去："一定是我们的话说得太重了，伤到毛毛虫了！走，我们快去看看它。"话音刚落，大家立即向毛毛虫家走去。

经过半天的路程，大家终于找到了毛毛虫的家，乌鸦敲了敲门问道："毛毛虫，你在里面吗？快出来啊，大家都很着急。"黄莺附和道："是啊，是啊，你快出来吧！我们不是故意伤你的，对不起。"可是大家喊了半天，里面也没有声音，老虎看了看大家说道："是不是毛毛虫它……"

大象"砰"地一下子就把门撞开了，里面没有毛毛虫的身影，只剩下一件有破洞的毛衣，松鼠看到这一幕一下子就哭了，其他动物也低声抽泣，黄莺哭得声音都变了："都怪我们，不应该说毛毛虫的不好，它为了变好，已经，已经……"大家静静地在屋子里待着，伤心的动物们什么话都没有说。临近傍晚，大家擦着眼泪，准备回家。

可是，黄莺突然尖叫道："大家快抬头，你们看，那是什么？"大家随即抬起了头，只见空中有一只美丽的昆虫正在高飞，大家仔细一看，那果然是毛毛虫！不知为啥，大家都有了一样的感慨：原来毛毛虫才是最美的风景。

同桌的他

陈昱光

"谁娶了多愁善感的你，谁安慰爱哭的你。谁把你的长发盘起，谁为你做了嫁衣……"这首熟悉的《同桌的你》又在耳畔静静地流淌。我悄悄地看了一眼同桌：奶白色的皮肤散发着青春的活力……

我的同桌，男，十三岁，自称来自"星星"，虽没有我们班主任的丹凤眼，没有生物老师的小嘴巴，没有历史老师的长额头，却拥有不一般的帅气与秀气：眼睛总是水汪汪的，好像成天受委屈一样。天蓝色的镜框闪烁出他纯净的心。奶白色的皮肤总在散发着一种自然的清新。他秀气又不失阳光，拘谨又有点儿可爱。

在别人眼里，我的同桌是典型的"绵羊"，在我看来他只是喜欢安静。他时时沉默，总不愿与人畅谈，喜欢那种自然的静。也许他真的来自星星，也许春风正在使他温暖，也许他正试图感悟这个世界，也许……总之在别人心中，他真的很小。上课时他喜欢缩在墙角，一手托着他那章鱼丸般的脸庞，一手摆弄着镜框，好一副学者风范。更多时候，他喜欢下巴挨在桌面上，趴在桌前静静地听课，却未曾流露出自己的心声，呆呆的，有点儿萌，也有点儿傻。午后的阳光透过玻璃，映在他奶白色的脸庞上，他缓缓地转过头，给你一个意外的微笑。他的微笑也许没有花儿的迷人，却有比花儿更真的真诚；也许没有天空的湛蓝，却有比天空更蓝的纯净……

有时他也喜欢起哄，有了新闻他也会非常感兴趣。有时他噘着嘴，一脸傲气，一脸得意，深不可测地看着你，嘲讽中洋溢着得意。无奈吧，但又觉得可爱。

可爱的他，有时候又让你哭笑不得。这次的月考成绩出来了，一直以为能够超越同桌的我，还在得意地算着总分，却不料以一分之差被他"踩在脚下"，顿时傻了眼，怎么可能？我一直担心他会借此嘲笑我。而后这一天果然来了，不知说了什么话后，他幽幽地加了一句："反正我总分比你高一分。"霎时间，我的嘴巴成了"O"形，怒起的无名火冲上心头，当我的拳头快砸向同桌的头上时，他转过来扬起了手，把我的手架在空中，他坏坏地笑了，雪白的牙齿洋溢着自信。他可爱的模样让我无奈地笑了。

也许从单纯走向成熟是一个漫长的过程，通过我的笔，你可能只会看出一个可爱的他，然而，将来他会变成什么样子呢？相信你也很好奇，让我们一起来期待吧！

脚　印

翟梦雨

大千世界，千变万化，一个十五岁的女孩儿回望过去，身后留下的一串脚印，显得那么清晰。

儿时"轻罗小扇扑流萤""卧看牵牛织女星"，仲夏之夜，依偎在母亲怀中倾听那一千零一夜的故事，许下一千零一个愿望，构筑一千零一个幻境，有多少海市蜃楼般的梦被吹散，只留下无数遐想，在我成长的心灵里激荡。那些故事使我平静的心河泛起一道道涟漪，在时光中酥酥地颤，引发了我对未来的无限憧憬，那份天真无邪，那份纯朴热情至今难忘，为我的儿时脚印留下了梦幻的色彩。

走进校园，"恰同学少年，风华正茂"，开始了学习生活，美术课上轻轻地挥动着水彩，为人生的道路打下基础，就像在干净的白纸上描绘上基调，为下面的挥洒做好铺垫。那份色彩、那份明艳、那份欢快，在我无忧无虑的童年里留下了金色脚印。

现在进入了中学，开始品味人生的苦辣酸甜。知道了辛苦，知道了失败，知道了奋斗，知道了梦想！作业多了无数，时间少了无数，没有了欢快，没有了嬉戏。每天的作业如山般压着我，最致命的是它认得我，我认不得它！真是无地自容！每晚，没了星空、没了童话、没了笑语，把全部精力都用来对抗无尽的作业！但是我要坚持，我要品味这滋味！因为童话告诉我，人要有梦想！画板告诉我，只有画上去才会有色彩！老师告诉我，这就是青春的底色，必经的过程！面对来自远方成功的呼唤，我要义无反顾地向前。无论时间怎么变，生活怎么变，这份执着，如此坚定。"路漫漫其修远兮，吾将上下而求索"，漫漫人生路我才走了一小段，但我会在未来的每一天都脚踏实地，让每一个脚印都踩出印记、踩出光彩。

那时，我是"发明家"

宋瀚霖

别看我现在早已经"泯然众人"了，可是在童年的时候，我还有一段"发明家"的历史呢——虽然只"发明"了两样东西。

我小时候非常爱喝果汁，可是妈妈不让我喝。她说果汁里有色素，还有各种坏东西。我没了办法。想来想去，我"发明家"的头脑忽然想到——可不可以自己做果汁呢？

我到家门口一家超市里看了一番，瞄准了一种果汁，是橙色的。我想，我造出橙色的水不就行啦？回到家里，我把家里橙色的东西都扒拉出来。什么橘子皮、鸡蛋黄、橙子、水彩笔之类的，全都搞了出来，又用妈妈洗菜的盆接了满满的一大盆水。只要把它们和在一起，我就能造出果汁了。想到这儿，我心里乐起来。

我把橙色的东西都放了进去，又把水彩笔的内芯取了出来，也放进了水里。随后我慢慢地搅啊搅，终于搅出了一盆橙色的"果汁"。

就在我准备品尝的时候，我又想到了——这是"发明"（听妈妈讲过爱迪生发明电灯的故事）啊，应该先取个名字。取什么名字好呢？我忽然想到，有的发明家是把自己的姓氏加在发明的东西名称前面的，于是我找来一张纸，在上面写了"宋氏果汁"四个字，然后剪下来贴在盆上。

一切完毕，我就赶紧喝了一口。没想到，一种苦涩的滋味让我忍不住吐了出来。太难喝了，这根本不是果汁。

　　这件事给了我一个打击。之后，我好久都不愿喝果汁，一看见果汁就想起我的"宋氏果汁"……

　　不知从什么时候开始的，我又喜欢上了喝酸奶。可是有的时候妈妈粗心，常忘了给我买。有一天我看见电视上宣传"自制酸奶"，于是我这个"发明家"就萌发了一个制造"宋氏酸奶"的念头。

　　我把一袋纯奶倒进碗里。怎样让它变成酸奶呢？我趴在桌子上想了好久。忽然想到醋也是酸的啊，我往纯奶里加醋，纯奶不就变成酸奶了吗？我不禁暗自得意起来——我真是当"发明家"的料啊！哈哈！

　　于是我向纯奶里倒了许多醋。醋是黑色的，掺到里面，纯奶就变得黑乎乎的了。我失败了。可是"发明家"并不灰心，我又开动起了"发明家"的脑筋。当我看向厨房的时候，就又想到了一个"好"方法。

　　白醋，白醋没有颜色，用来做酸奶正好。我又拿来一袋纯奶，倒进另一只干净的碗里，拿来一瓶白醋，往奶里倒。我的眼睛紧盯着牛奶，生怕出现意外。眼见着瓶里的白醋慢慢流进碗里，碗里的纯奶没有变色，我紧绷的心，就慢慢放松下来，心想，这回准成了。

　　这次做出来的"酸奶"，白白的，让人一看就想喝。我迫不及待地端起来喝了一口，可立马又吐了出来。太酸了，没法喝啊，一点儿也没有酸酸甜甜的酸奶那样的味道。哎！我又失败了！

　　这两件事后，我的"发明家"经历便永远成为历史了。

最美的彩虹

王　瑄

生命就像是一张乐谱，上面布满了婉转动人的音符，轻轻地一点，美妙的曲子就开始流淌出来。

那天，天空阴云密布。不一会儿，就下起了倾盆大雨。我一个人躲在书店的屋檐下，焦急地等待着，盼望着我下一次睁开眼睛，雨已经停了，可我这样重复了好久，也没有使我的梦想成真。该怎么办呢？我心急如焚，这样的大雨何时才会停呢？何时才能踏上回家的路呢？就在我近乎绝望的时候，书店的老板娘朝我走过来，她好像会"读心术"似的，一下子就猜中了我的心思。她轻轻地帮我擦掉被风吹在脸上的雨水，对我说："小妹妹，外面雨这么大，一定没办法回家了吧？没关系的，马上阿姨的丈夫会来接阿姨回家的，我让他一起把你送回家吧？"

当耳畔响起她这番亲切温柔的话语时，我仿佛抓到了一根"救命稻草"似的，心里的那块大石头总算落地了！顷刻间就像春风吹拂心底一样，不宁的心绪散尽了。我高兴极了，笑着对阿姨说："谢谢你，你真是我的'大救星'啊！"

我和阿姨都笑了。之后，我们在一起聊了很长时间。

时间过得好快啊，一眨眼一个多小时过去了，雨还在下。我们谈得正在兴头上的时候，一个戴着头盔、穿着灰色短袖衫的男人骑着摩托车停在了我们面前。阿姨立刻起身，把他拉进店里，和他说了几句话。然后打起伞，挽起我的手，把我领出了店门。门外的雨还在下着，似乎已经忘记了停息，阿姨拿了一件雨衣披在我的身上，我顿时觉得就像是母亲的手抚摸着我似的，那样温暖，那样贴心，我的心甜丝丝的。她把我扶上了车，自己则坐在了后座。只有一件雨衣，她却给了我，自己只好躲在我的雨衣后面，雨无情地打在她的身上，她却淡淡一笑。车子启动了，我们又轻声交谈起来，不知不觉中，车已经到了我的家门口。回头一看，阿姨满脸雨水，身上的衣服全湿了。我满含愧意地对她道谢，她却爽朗地笑着说："没事的，丫头，我也快到家了！你快进去吧。千万别着凉！"我的心里满满都是暖意，眼眶里也闪烁着泪花，我下了车后，再看她的时候，她已经离开了。

　　雨停了，天空中出现了一道彩虹。我想这道彩虹不仅仅是为了庆祝雨过天晴，也是为他们这些雨中的好心人喝彩！这是我见到的最美的彩虹！

妈妈就是太阳

张　敏

蒲公英妈妈

　　我是一株刚做了母亲的蒲公英，但是让我伤心的是我的孩子却不能在我身边久留，他们即将离我而去。我不忍心将他们放飞天涯，然而这是事实，也是命运。我也只能期待他们在离开我的日子里能够茁壮地成长。

我没有办法，只好祈求太阳，希望太阳将她的光芒照满大地，照醒我那还迷糊着睡眼的孩子，告诉他们去寻找自己的未来与希望。我一夜未眠，就是在等待太阳的出现，然而黑夜真是漫长啊，我焦急地等待着。渐渐的，对面的山腰上露出太阳的额头，一会儿工夫，太阳便将她那慈善的目光投向了我们，投向了每个角落。然而此时的我，心情却复杂起来。我希望他们能在阳光的抚摸下独立、坚强地成长，可我却放不下他们。

我没有方法改变这一事实，我虽然不愿，他们——我的孩子，还是带着泪水离我而去，我也只能告诉他们，有阳光的地方，便有妈妈。妈妈就是太阳。不知何时，我的绿叶上，现出了几颗晶莹的水珠，那是我的泪，伴随着阳光，希望带去一个母亲的祝福。

蒲公英儿女

"这里的世界真好啊，这里的阳光真亮啊！"我刚从母亲的怀里探出个小脑瓜，便领会到了世界的美丽，真漂亮啊！我欣喜若狂，胡蹦了一阵子，妈妈让我别摇了，我才静了下来，但心里的激动并没有停止。不知为什么，妈妈似乎很忧伤，我问妈妈有什么事，妈妈说："孩子，你们明天便要离开我了啊！"

"为什么……"

"你们要离开妈妈了，你们要适应大自然，你们要独立去生活，成长，成为一棵棵美丽的蒲公英。不过你们别担心，有太阳在你们身边，有阳光的地方，便有妈妈。妈妈就是太阳。"

一夜，我一点儿也没睡，妈妈也没睡。她一直在祈求着太阳，好好地照顾我们。而我也跟着祈求，希望太阳能保佑我和妈妈，永远都不分离。

虽然不愿离开妈妈，可最终还是离开了。可我始终记得妈妈的话："有阳光的地方，便有妈妈。妈妈就是太阳。"

最忆是杭州

方梦瑶

"江南忆，最忆是杭州。"唐代大诗人白居易在一千多年前就在那儿浅吟低唱，为那一片红胜火的江花，为那一湾如蓝的江水。杭州是我去过次数最多的一个地方：四岁，十二岁，十六岁，一直延绵了整个记忆。闭上眼睛就会想到一片水汽氤氲的古城。道路两旁是高高大大的梧桐，可以让人放松整个身心。扔两个硬币到公交车里，爬上二层，看着江南情景，转遍大半个城市。真的有过如此纯净的日子吗？我问自己。

西湖。春天我来看你，青青的草地；夏天我来看你，绽放的荷花；秋天我来看你，欲坠的夕阳；冬天我来看你，零星的残雪。泛舟，丢了心爱的《柳永词集》，湿了衣衫。我呆呆地望了你好久，像失去了心爱玩具的孩子。突然笑容初绽，你是懂我的，对吗？从湖心亭一直走，走到阳光下雷峰塔的影子里。黄昏的空气中一片祥和，我听到天使拍打翅膀的声音。真希望那一刻时光能够永恒。

看苏堤白堤桃花烂漫，在楼外的养鱼池下面捞水草，想那份留得残荷听雨声的意境，盼断桥堤上零零散散的白雪。仍然记得那个春天的早晨，走在西湖平平仄仄的山坡上，抬头望去，看柳絮如杨花般飞舞，心中是轻盈的快乐。轻轻问自己，可以飞吗？

在岳飞墓旁的小摊上买埙，在山脚下的肯德基里喝橙汁，在六和塔小溪里驻足，激起一点儿一点儿的水花。空气很凉，是薄荷的味道。

金秋时分去满陇桂雨赏木樨，看老爷爷老奶奶们在树下打麻将，花簌簌地落在麻将桌上——杠上开花。在这样的城市有这样的生活，真是让人羡慕不已。

在九莲新村的小花园里安静地叠幸运星，在学军中学的操场上把足球踢得满天飞，在浙江大学门口静静看着那几个金字，在情人节闻街头玫瑰暗香残留，走很远的路只为买一杯好喝的珍珠奶茶，过年的时候买新衣从龙祥到百大，匆匆忙忙赶火车差点儿错过……这个城市的很多很多地方都留下过我的回忆。

杭州不是终点，西湖，我只是过客。我要离开，一步一回首，一望一黯然。

古诗中的旅行

邹韵婕

古代文人有魔力，竟能把一个偌大世界的生僻角落，变成人人心中的故乡，他们褪色的青衫里，究竟藏着什么法术呢？

阳关，是历代王国的边远地带，长久担负着保卫华夏疆域的使命，如此一个偏僻荒凉的地方，又有多少人会有兴致来探寻呢？然而王维的一首《渭城曲》，勾起了无数文人墨客对阳关的兴趣，沉重的宿债，焦急地企盼着对诗境实地的踏访。来访阳关，无疑不是来赏景，而是来寻诗。

古代的文人就是这样有本事。他们那一首首即兴而作的诗，一行行洒脱的文字，便成了不少地方的最好广告。曾有幸去过阳关，二十一世纪初期的阳关同当时余秋雨先生游访的二十世纪八十年代中期的阳关，简直没法比。现在的阳关已成为了旅游胜地，旧址上也建起了博物馆，而且，博物馆前树立着一尊雕像——正是在一千多年前为阳关作诗的大诗人王维，也正是一千多年前送友人出关，敬酒送行的人。只见他挺拔胸膛，举着酒杯，想必当时的王维也是如此，自信，豪迈，不会洒泪悲叹，执袂相阻，将目光放得很远很远。做大事的人，告别是经常的，步履是放达的。

同王维一样，不少文人的诗也成了地方的代言。因为李白的"朝辞白帝彩云间，千里江陵一日还"，有人便在黄昏的江船上仰望白帝城，借此寻诗；因为崔颢的"故人已乘黄鹤去，此地空余黄鹤楼"，不少人便顶着秋霜至此登楼寻诗；因为张继的"姑苏城外寒山寺，夜半钟声到客船"，又有人在秋夜乘着小船颇有雅兴地倾听那随风飘送的寒山寺的钟声；因为白居易的"孤山寺北贾亭西，水面初平云脚低"，人们又去西湖赏景寻诗……

品读一首首唐诗，即是探寻一处处风景，你也来吧！

野山红叶落

赵淑慧

今年的秋天，我们一家去了北京郊外一座不知名的野山，去观赏枫叶。

经过了两个多小时的车程，我们到达了目的地。抬眼望去，满山的红黄交错，映入眼帘。因为不是正规的旅游景点，所以只有一条小径，歪歪斜斜地通向山顶，我们慢悠悠地向山上爬。沿途也会遇到小松鼠从面前跑过，小径又窄又陡，每上一步都需万分小心，到了特别危险的地方，爸爸妈妈便会帮我一把。经过了两个半小时左右的攀爬，我们终于在正午时分登上了山顶。

山顶四周群树环绕，草坪被落下的树叶覆盖在下边，犹如一片涂抹了油彩的地板，抬头仰望，四周的树上，挂满了枫叶，一阵风吹过，巴掌大小的红叶片片落下。我坐在枫树下，静静看着随处飘落的叶子。忽然一片红叶落入我的怀中，它颜色艳红，仿佛一捏便可出血。那叶片根部的一点儿焦黄，怕是它离开时的淡淡的悲伤。那在风中不断飘扬的叶，怕是心中有着万般的彷徨。

望着那一片片落在地上的枫叶，我想，它们真的甘心化为春泥吗？不是！它们只不过是以这样的方式重生罢了。根断，叶落，这是枫叶给我的悲伤；魂不尽，情不移，这是枫叶给我的惊喜。

望着午后阳光下我的影子，只觉得我才刚刚发芽，我要用那永不灭亡的灵魂，铸就我传奇的一生，直到红叶落下的最后一刻，我将合上眼，等待下一次苏醒。

游 峨 眉 山

吴昊轩

"峨眉山月半轮秋，影入平羌江水流。"每当我读起这首诗，便对峨眉山充满了向往。今年暑假，我终于跟着父母来到了期盼已久的峨眉山。

峨眉山，中国四大佛教名山之一，有着"秀甲天下"的美誉。来到山脚下，曲折蜿蜒的山路有如盘龙蜷伏在这山中。山的最高峰——金顶，它矗立在云雾缭绕的山顶上，若隐若现，听说常有佛光的奇观，真是令人向往。

我们乘车来到了接引殿，准备乘缆车登向金顶。我们乘坐的缆车是被称为"全国最大的缆车"，它全长一千一百六十四米，可载客一百人，是全国目前车厢载客量最大、跨度最长的索道，它简直就是一个巨无霸横行在峡谷上空。

乘缆车行走在空中，从缆车上向下望，那一座座山丘像星星一样散落在大地之上。缆车行进了一会儿，与山丘达到了同一水平线上，那被绿树包裹着的山丘就像一个个粽子，散发着清幽的香，这幽香就一路带领我们走向那迷人的"佛境"。随着缆车不断升高，我们与山丘也越来越接近，那一棵棵青翠挺拔的树木这时竟变成了一位位亭亭玉立的"仙女"，在微风中翩翩起舞。就在我们陶醉于幽香与仙姿的时候，岩壁上突然出现了一座栩栩如生的观世音菩萨像，高约十三米，周围还有众多童子，把人引入到了佛教的意境当中，真是令人兴奋不已。

下了缆车，我们顺着石砌台阶向金顶走去。台阶曲折蜿蜒地伸向神秘的金顶，路旁的小草绿油油的，富有生机，我们赞叹着小草顽强的生命力，脚底下似乎也被小草给予了力量，大步流星地走向金顶。随着时间的推移，金顶的轮廓愈来愈明晰，我们也愈来愈带劲，终于，我们来到了海拔三千零七十九米的金顶。这里有世界上最壮观的观景平台和规模最大的汉传佛教朝拜中心，被称为"华人世界的旷世之作"。我们沿着石阶紧步向上攀爬，老幼互相帮助，终于来到了峨眉山的最高处。

站在观景平台环顾四周，群山连绵，此起彼伏，在薄雾的笼罩下犹如巨龙在空中飞舞；那云彩也随风、随光不停地变幻，出现一些奇妙的色彩与图案。忽然一阵风吹过，那云彩竟变幻成了一顶魔法帽；又是一阵风，那魔法帽像真的有了魔法，将自己变成了一只白色的骏马，奔腾在天空中。就这样，云彩在一阵阵温暖的风中变幻着身形，身处这美丽的云海之中，简直如入仙境。

再来到朝拜中心，那里有一尊高约七十米、重六百六十吨的普贤菩萨像。只见菩萨大身处在荷花中央，身上有四个面孔，坐在四只象上面，那菩萨的四个面孔和神情各不相同，代表着菩萨的喜、怒、哀、乐。尤其引起我注意的是其中那一面手中捧着如意的菩萨像，听导游讲这个面若桃花、持如意的菩萨就象征着吉祥如意。顺着这个菩萨面对的方向看去，一路都是一步一拜的佛教信徒，他们不远千里来朝拜，有的磨破了双手，有的磨破了膝盖，有的擦烂了额头，最终都完成了到峨眉朝拜的心愿，真可见他们的虔诚之心呀！

峨眉山的美，真让人陶醉！我们纵有万般不舍，也不得不踏上归途。在返程中，我们谈论着，品评着，回味着每一处迷人的景色……

一点一滴看"紫红"

江紫仪

入冬，我穿着粉红的棉袄，走在枫林小道。与我一起的，还有你，淑玲。我们常被邻居戏称为"一对姐妹"。

我晕血，自然而然，从小就讨厌红色。我的名字里有"紫"字，如我所爱，我更喜欢与"紫"有关的东西：紫边碎花手绢、镶紫的发夹、院墙边的紫荆树……然而有一天，你跟我说，"穿红喜庆，会更漂亮"。我有些不解。打小，你给我很多颜色的衣服、首饰、玩具，唯独没有红色。

093

六岁那年，与你一起逛街。你牵着我的小手，一边走，一边接听电话。你兴致很好。阳光落在我们的发梢，闪在你浅红的微笑里。我知道这是爸爸的电话。爸爸经常出差，难得回家。这时，一辆红色自行车晃着车把，速度很快，将要撞上我。情急之下，你右脚向前一跨，主动迎了上去。霎时间，鲜红的血从你的脚踝处渗出来。我惊慌失措。你紧紧抱住我，拍拍我的头，安慰道："别怕，一会儿就没事了。"迷迷糊糊中，我瞥了一眼，鲜血在阳光下格外刺眼。从医院出来，我郑重其事地对你说："我讨厌血，讨厌红色。"你听后，只是笑笑。从小，我算是个小人精。爸爸在家时，常亲热地叫你"淑玲"，我也跟着叫"淑玲"，爸爸要纠正，你说："小孩子嘛，这样也好，说明我很年轻噢！"

我长大后，你变得越来越爱唠叨。"衣服多穿点儿……毛衣在书包夹层里……菜已经热好……别睡啦，会迟到的……"每次上学，我总是一边慢慢地准备，一边把你的话堵在厚重的大门里。

我们这个年龄的孩子开始有些心事不愿跟父母说，我也是这样。我成绩不拔尖，奖状少，有过几次"文明学生"，几次作文受到老师表扬而已。当你与那些"三好学生"妈妈一起聊天时，谈到获奖，你只有听的份儿。可回家，你一点儿不快的神色都没有，依旧笑脸相迎。

今年十月份，班里举行演讲选拔比赛，胜出者将代表班上参加全校的比赛。我自信满满地上台，出人意料地落选。回到家中，我闷声不响，饭也不吃，爸爸电话也不接。你一改往日的好脾气，声音提高了八度："别使性子了，听话！"一阵僵持之后，还是你主动坐到我身旁，揽着我，要我陪你看电影。很久，没有与你靠得这般近了。记得小时候，我就是这样趴在你的胸前，听你柔柔的声音，赖着你讲故事。

我依偎着你，渐渐忘记先前的烦恼。时间似乎很漫长，空气渐渐柔和。你跟我说了很多话，说到了爸爸，说到爸爸和你，说到我小时候的事情。你说："紫仪，爸爸每次出门总怕你受委屈，说你心思敏感，又好强……"我听着，忍不住流下了泪水。

你，淑玲，我的妈妈。你说希望天天能看到我灿烂如花，你把爱注入我的名字，愿我承袭淑婉之风，日后是个仪表端庄的姑娘。

妈妈，你是荷叶，我是红莲，心中的雨点来了，除了你，谁是我在无遮拦天空下的荫蔽？

我 就 是 我

林 莹

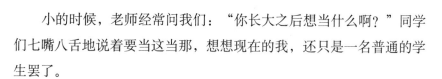

　　小的时候，老师经常问我们："你长大之后想当什么啊？"同学们七嘴八舌地说着要当这当那，想想现在的我，还只是一名普通的学生罢了。

　　我就是我。我不像山羊那样，嘴上有几根胡子就认为自己是哲学家。我只是一名学生，最起码我现在都不知道哲学家到底是一个怎样的概念，也不懂得什么哲学大道理。

　　我就是我。我不像袋鼠那样，穿了一身保护服就认为自己是拳王。我是一个温柔细心的人，我不懂得暴力，更不会去使用它。我就是我，一个有爱心的人，一个只想安心学点儿什么的人。

　　我就是我。我不像斑马那样，自己身上长了一些斑纹就认为自己是穿着条纹制服的水兵。我也不会水，不会硬着头皮去做我不会做的事。我就是我，我目前还没有那么大的目标，我只想老老实实地当好我自己。

　　我就是我，我不是高深的哲学家，我不是勇猛的拳王，我不是健壮活泼的水兵。我愿做真实的自己，不羡慕他人的功名与利禄，不觊觎他人的地位与财富。我就是一名普通的学生。

　　从老师的角度看，我是他的一名学生，认真求实，刻苦钻研，尽管普通，可是很快乐。从朋友的角度去看，我是他们的好兄弟，我和他们每天都聚到一起，说说笑笑，无所不谈，他们都说我是一个真诚的朋友。从父母的角度看，我就是他们的好儿子，他们以我为自豪，以我为幸福，尽管我经常犯错。

从我的角度看，我要很严肃地说，我就是我，我不敢说我能当什么，也不敢想那些不属于我的东西，但我敢肯定，我不会盲目羡慕与效仿，我能活出自己的个性。我的名字很普通，可是我不会由于普通而难过，我什么都没有，可是我却能够活出自己真实的色彩，因此我觉得自己很富有。有什么能比让自己真实地生活更珍贵的呢？

我就是我！走自己的路，让别人去模仿吧！

时间都去哪儿了

段嘉婷

096

"时间都去哪儿了，还没好好感受年纪就老了，生儿养女一辈子，满脑子都是孩子哭了笑了；时间都去哪儿了，还没好好看看你眼睛就花了，柴米油盐半辈子，转眼就剩下满脸的皱纹了。"当王铮亮在春节联欢晚会上唱出这首温暖悠扬的歌曲时，正在和姥姥姥爷、爸爸妈妈看电视的我仿佛一下子被电击中，泪水如断了线的珠子，滚出眼眶。

"时间都去哪儿了？那些爱我的亲人都去哪儿了？再也回不来了吗？"我的思绪飘回到三年前。三年前，我最亲爱的爷爷奶奶在短短一年中相继离开了我。那时的我，最常问的问题就是："妈妈，为什么总觉得心里缺了一块什么似的，空落落的呢？”这首歌唤醒了我，原来那是因为对亲人的思念。还记得爷爷拿着好吃的站在幼儿园栏杆前眼巴巴地找寻小孙女的身影，还记得爷爷每回在我去看望他时手忙脚乱地翻出各种小玩意和漫画书递给我时颤抖的双手，也还记得爷爷临终前颤巍巍地从枕头下摸出二百元钱让他最心爱的小孙女买好吃的时那慈祥的笑容。

伴着窗外噼里啪啦的爆竹声，我仿佛看见了奶奶在厨房里做年夜饭时那忙碌的身影，仿佛听见了奶奶温柔的声音回旋在耳畔："来，乖，再吃一个饺子……"仿佛感受到了奶奶粗糙却温暖的抚摸。时间啊，你都去哪儿了？你悄悄地走了，只给我留下了对亲人无尽的思念。摸着爷爷送我的小老鼠蜡烛，泪水再次滚落出来。时间啊，你到底都去哪儿了？

"婷婷，快看！你最喜欢的那个大长腿！"耳边传来姥爷的声音。时间都去哪儿了？我看看身边的姥爷，鬓角已然苍白，耳朵也大不如从前；再看看姥姥，皱纹偷偷地爬到了额头上，眼睛也已老花。时间像一匹白马，它跑得太快，我连它的尾巴也抓不住。还记得儿时许下的承诺："姥姥，我长大了要把你、姥爷、妈妈、爸爸、舅爷，还有，还有……总之，我要把大家都背起来，带你们去周游世界！"现在想起来，自己都会轻笑出声。但是，还不等我回过头来看他们，他们已然步履蹒跚、老眼昏花了。时间啊，你走慢些，停留在当下吧。让我一直陪着他们吧。我想成为他们走路的双腿、明亮的双眼、灵敏的一对耳啊。

时间啊，你要去哪儿呢？你知道未来的样子吗？我可以肯定地告诉你，因为有亲人的爱，我不怕未来路上的风风雨雨，坎坷崎岖；因为有亲人的爱，在我前行的路上将充满勇气和动力；因为有亲人的爱，我生命中未来的路程将是温暖幸福的。我知道，未来的路还很长，我会一步一个脚印地走下去。

花儿向阳开

　　你给我讲起了你出糗的故事，幽默的语言，夸张的动作，直把我乐得捂着肚子坐在地上，烦恼早抛到了九霄云外。那时我的心很轻松很轻松。那是属于我们最纯真的亲情呢。

　　纯真的花儿，总是快乐的。

菜博会之旅

张慧云

　　一年一度的国际蔬菜博览会又在家乡寿光举办了。今天，我们全校师生怀着激动的心情一起游览了蔬菜博览园。

　　十几辆大巴经过一个多小时的"跋涉"终于到达目的地。一下车我们便来到了游览的第一站——五号大厅。大厅看上去好雄伟、好气派。一进入大厅，一股蔬菜的清新气息扑面而来，我们禁不住诱惑，一步一步往里走，仿佛要去寻找这一气息的源头。一串串小番茄挂在头顶，让人不自觉地就往上面看；一条条长茄子水灵灵的，真想摘几个回家，给妈妈做菜。

　　八号厅的入口是果实拼成的"八仙过海图"，不仔细看还真看不出那是用蔬菜给拼起来的，再往里走还有正在奔驰的骏马、翱翔的天龙等，最令我惊诧的是里面竟然有"趵突泉"！哇——它不会是飞过来又落在这儿的吧？那济南的去哪儿了？真是搞不懂。再往里走我们又见到祖国美丽的"姜"山——"太行山"和"长白山"。在"长白山"下有一个洞，里面有一只大张着嘴、凶神恶煞的狗。八号大厅里还有栩栩如生的"彩凤凰"，真美！我特意仔细观察研究一番，原来是使用玉米粒、大豆粒、红豆粒构成的啊。往旁边看了一眼，一条活灵活现的"龙"出现在我的眼前，看上去腾云驾雾，气吞万里，威风十足。菜博会上数不胜数的奇异景象呈现在我们眼前，令我们大开眼界。

十号厅里头顶上悬挂着满满的蔬菜：黄瓜、茄子、蛇果、吊瓜等，有许多叫不上名的，有的甚至以前都没见过。有很多长长地垂下来，有的触到我们的头，有的挡住我们的脸。在十号厅，最显眼的是温室大棚里许多无土栽培的植物，生长茂盛，让我们无不感叹科技的力量。在人行道的右侧，种满了巨型南瓜，一个个大南瓜引得参观人群发出阵阵感叹。在一个小型采摘园中还有一个机器人呢！从介绍上来看，这个机器人能自动采摘黄瓜、自动摘除菜叶等，可惜的是当天机器人没有表演，我们没有机会一饱眼福。

在目不暇接的游览中，我们又来到了七号厅，一进去，美丽的花儿映入眼帘，我跑过去，与薰衣草、蝴蝶兰、百合、兰花近距离接触，闻着淡淡的花香，直到同伴拉着我去看别的地方，才依依不舍地离开。在三号厅一个拐角的地方，看到了一片"花海"，紫色的蝴蝶兰和白色的兰花构成了这幅美景，花的上面还有许多羽毛，这些羽毛远远看上去像雪！啊，好一个夏天里的冬天，竟比冬天更迷人！

最后我们在一号和二号大厅，看到了传说中的冬虫夏草，听说很名贵呢！只是弄不明白，冬虫夏草到底是"虫"还是"草"？

在展厅的出口处是"双龙戏珠"，我们从龙头面前走出了展厅。快乐的时光总是这样短暂，菜博会之行留给我们无穷的回味。这次游玩，我们不仅见识了的蔬菜的神奇，也见识了种菜的科技和菜博会的艺术。

好一个迷人的、奇幻的，迷倒家乡、迷倒全世界的寿光国际蔬菜博览会！

花儿向阳开

花儿向阳开

姬维俊

　　成长的花儿总是期盼着太阳，寻找着太阳，向着太阳绽

放……

——题记

　　采一点儿晨曦，捧一瓣心香，装点成长的清新；撷一片绿叶，抓一把润土，滋养成长的幼苗；舞一阵清风，捕一束阳光，温暖成长的花儿。

　　书山有路，学海无涯。我们每一天都穿越在高山之中，遨游在浩海之间。可是，我从未放弃，因为我相信，在高山之巅、海岸之边能够看到最美的太阳。而在途中，太阳的光辉一直照耀着我，激励着我。我挥洒着汗水，而每一滴汗水都是我勤奋努力的象征。

　　努力的花儿，总是快乐的。

　　我常常这样想：我真幸运，我的母亲从未给过我任何压力，总是让我自由地享受学习，我的母亲从不会干预我的学习，更不会自作主张地给我买试题。我的母亲总是会为我做好吃的饭菜，看我狼吞虎咽的样子，轻笑道："你呀，真是饿死鬼投胎。"我们总是在晚饭吃到最后时，讨论明天吃什么，那时的气氛总是那么融洽、甜蜜。记

忆中，母亲从未做过什么惊天的大事，但为我做的每一件事都充满了爱，她向我阐述了什么是越平凡越伟大！

自由的花儿，总是快乐的。

当我朝着太阳，发出声声叹息时，一双手搭在了我的肩上，"怎么了，小公主，你瞅瞅，脸愁得跟个苦瓜似的！"而我，只是轻轻摇了摇头，轻得就像没有做出任何动作。你，扬起了最快乐的笑，感染了所有的人，也包括我。你给我讲起了你出糗的故事，幽默的语言，夸张的动作，直把我乐得捂着肚子坐在地上，烦恼早抛到了九霄云外，那时我的心很轻松很轻松。那是属于我们最纯真的亲情呢。

纯真的花儿，总是快乐的。

成长的花儿总是向往着快乐。我们这群花儿，总爱缠着那大大的太阳哩！

那　儿

李雨桐

那儿，没有都市的车水马龙，灯红酒绿。那儿，只有一棵梧桐树牵引着她的思绪……

阳光透过树叶间的缝隙，洒落一地斑斓，在树下，短发尽情地玩耍，发间散出阵阵清香，流露出一点点俏皮。长发来了，两人在树下嬉戏，玩累了坐在大树下休息，短发调皮地拍着树干，问长发："为什么大树的枝干这么粗糙？"长发笑着说："这就是成长。"

傍晚，梧桐树下，长发为短发清洗着，短发顶着白色的泡泡，咯咯地笑了起来，长发用她那柔软的手抚摸着短发的耳朵和脖颈。月光下，被清洗的短发，显得乌黑发亮，就像长发一样。

渐渐的，短发上了学，长发便把自己的爱缝在短发的书包上。早晨，短发便背着装满爱的书包出发了。

长大后，短发离开了长发，独自闯荡，而长发则是无尽的思念。随着时间的流逝，长发不再乌黑油亮，而是增添了些许银白。

每天，长发都站在梧桐树下等待，等待，不仅是长发，还有——落了一地的梧桐叶。

短发长长了，回来看望长发，而长发已不再发亮……柔软的手与粗糙的手紧紧握在一起。

傍晚，在梧桐树下，短发为长发清洗着，月光下，长发丝丝缕缕的白发映出银色的光。风轻轻地吹过，拂起乌黑油亮，短发的长发长得更长了。

在那儿，就在梧桐树下，短发与长发的故事，你还记得吗?

"树欲静而风不止，子欲养而亲不待。"

"慈母手中线，游子身上衣。临行密密缝，意恐迟迟归。谁言寸草心，报得三春晖。"

"母亲呵! 你是荷叶，我是红莲。心中的雨点来了，除了你，谁是我在无遮拦下的荫蔽?"

读着这些历来为人称颂且诠释着无限亲情的诗句，眼前又浮现出"那儿"的画面：短发、长发、梧桐树……

冬天的味道

杨耿婷

冬天来了，来得那么快，仿佛是在一瞬间。

下雪了，一片又一片的雪花飘落，我走在街上，仰望着这调皮的天空。慢慢落下的雪花，在空中跳起了优雅的华尔兹，旋转，落下，最后和大地来一个热情的拥抱。我在想，我的这个冬天会是什么滋味呢？

或许它是酸的。学习成绩落了下来，没日没夜地学习，却丝毫不见效果。面对同学们异样的目光，老师和家长的失望，我无可奈何，痛又说不出，留下的，只有酸涩了。

或许它是甜的。连续了几天的雾霾天气，让每个人脸上也都是阴沉沉的，终于，天空放晴了。久违的太阳已经爬上昔日的天空，而当初的"不速之客"也已经走了。沐浴在阳光下，享受着温暖，脸上不觉洋溢着幸福的微笑。这样的天气，已经把当初的心情一扫而空。甜甜的，暖暖的，像一束阳光照亮了迷茫的心灵。

或许它是苦的。天气转凉，我也很荣幸地成了"感冒一族"。除了每天消耗十几张纸巾外，热水几乎是不离口，更何况还有药的陪伴，我的这个冬天不会孤单了。每天出门前妈妈都会不住地嘱咐我"多穿点""多喝水""别忘了吃药"，虽然嘴上不耐烦地答应着，可心里暖暖的。渐渐的，也不觉得药有那么苦了，苦中带着甜，那是母爱。

又或许我的这个冬天什么味道也没有，平平淡淡，每天过得都一样，不过正因为有这样的冬天，我才更加珍惜各种滋味的生活。

这个冬天不管是什么滋味，我都会珍惜，因为这是我生命中不复重来的一个冬天！

冬天的色彩

王芝萱

大多数人都不喜欢冬天，因为它太过于寒冷，太过于单调了，它总是白茫茫的一片，覆盖了所有生机，可我的眼睛告诉我，冬天也可以是多彩的。

在家里写作业，手脚已冰凉了，抱着书坐到太阳底下，顿觉一股暖流漫过。站起身，向外看，外面的太阳正好，有一层淡淡的黄，我继续写作业，不知是因太暖和了还是怎么的，竟不知不觉地睡着了，阳光依旧温和。在我的梦里，却是飘着银白色的鹅毛大雪，但无一丝寒冷，梦里的雪花一直在飞扬，越积越厚，我在雪地里闹着，跑着，一不小心摔了个嘴啃泥，"嘿嘿"地笑出声来，笑醒了。太阳已经快要下山了，此时的晚霞，已难以用语言来形容。

天空满满地呈现出耀眼夺目的颜色，金黄、橘黄、朱红、玫瑰红……在蓝天这块淡蓝色的画布上，印下了一块又一块的水彩印。又

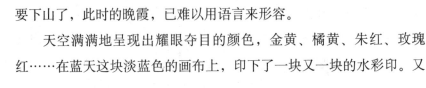

如泼墨画一样，从一个地方一下子散向各处。近处的云已不见原来的雪白、轻柔、优雅，只有活泼与欢乐，远处的云仿佛被镶上了一层金色的外框，天地万物都因为这无与伦比的色彩而黯然失色。

大自然真是位神奇的画家，他能掌握所有的颜色，再大显身手，把它们画上，里面没有一种多余的颜色，浓淡正好，给人以"淡妆浓抹总相宜"的感觉。

在远处还能看见被反射的太阳的余晖，淡淡的，比起那浓艳的颜色，我更喜欢它的淡雅，它不会给人强烈的视觉冲击，而是一种温和。它自在地飘着，如薄纱，如轻烟，如丝如缕，笼罩着枯黄的山林，我仿佛看见了一只优美的天鹅，在自由地飞翔，那优雅的体型在它一展翅时，就展现了所有的美丽……

淡淡的光照进来，照在书页上，泛起一层柔和的光，在夕阳下，一个女孩儿伏在桌上，似睡非睡，阳光笼罩着她，形成了一幅唯美的画面。

107

我的这个冬天

蒋欣怡

近日，老师不知是冻着了，还是灵感大发，竟让我们写起了冬天这个寒风瑟瑟的季节。

这个冬天，我感到了莫名的寂寞，只知道好冷好冷，枯黄色的世界，让人的愁绪会聚在某个角落，天空不再是秋天的风轻云淡，而是变成凝重的铅灰色。街上行人寥寥无几，寒冷使我不禁加快了步伐，想到了家的一丝余热，想到了那微妙的火光，慰藉着我这颗受伤的心。

轻轻地推开家门，满屋子只写着两个字——寂静，爸爸妈妈依旧还没有回家，我只有等待。肆虐的寒风依然疯狂地吹着，以为到家就可以逃开它，可是它却不放过任何一次怒吼的机会，透过窗的缝隙，我依然听到了它的狂喊。它告诉我，它是永不言弃的，它愿做一个恶人，在这个冬天发挥它的特长。即使在人们心中它的形象早已落魄，可是它仍然要化作冬魄，撕开整个季节的寂寞。

越来越觉得这个世界上总是没有人真正了解我，在大家的心目中，我永远是一个开心果，不管在任何时间，任何地点，只要有我出现的地方，就一定会有笑容。不知道是因为磨炼还是失败次数多了，坚强这个普通的名词，顺理成章地进入了我的生活，于是，我就会告诉自己，不管遇到什么困难，都要笑着，因为笑着就代表希望，即使哭，也要笑着哭。又有几个人知道，我的笑容只是我的面具，我总是尽自己最大努力去隐藏内心的悲伤。

很多人都觉得我是一个高傲的人，在同学们面前总是那样任性，可是你们谁都不知道，我的成绩虽然没有那么好，但是我不想被别人欺负，因为我要活得有尊严，我不想被人瞧不起，被人嘲笑，所以，我总是假装潇洒，考试考不好嘴上总是说不要紧，总是装作若无其事，其实我又何尝不在乎？这只是我自己给自己安慰的一种方式。

我的需求总是那样少，我的朋友圈里总是认为我太好满足。我经常对爸爸妈妈说，如果我考试成绩进步了，那你们就要带我去逛街，或者是陪我去打球，又或者是请我吃一顿你们做的馄饨。可即便是这样小小的愿望，有时也难以实现，我真的觉得好孤单，好无助，好寂寞。

我站在窗口，只觉得这里沾满了愁绪，充塞着心事，这一座隐匿灵魂的空屋，在这个寒冷的季节为我敞开，与我畅谈。

看着这繁华城市的万家灯火，真觉得这个冬天好冷。

豆豆，你在哪里

李　欣

那个狗窝依旧摆在阳台上。豆豆，你又在哪里呢？

豆豆是一只漂亮的小狗，是我七岁的时候妈妈送我的生日礼物。它一身白绒绒的毛，胖嘟嘟的，黑黑的眼睛，闪着晶亮的光。见面不久，豆豆就成了我最好的朋友。我猜，它也把我当成它最好的朋友了吧。无论我走到哪里，它都跟着我，除非我把它关起来。

豆豆最敏感的地方就是它那小小的鼻子了。豆豆的鼻子只许我一个人抚摸，而只要别人一碰，它就会发出咕噜咕噜的声响，那样子好像在发出警告。

豆豆善解人意，"情商"很高。它似乎能看出我什么时候开心，什么时候不开心。我开心的时候，它就在我身旁跑来跳去，还不时用它的小鼻子拱拱我的鞋子，或者抬起一只爪子挠一挠我的裤脚。我不高兴的时候，它便不再乱动，而是在一旁静静地趴着，还不时发出一点儿声音——"呜呜，呜呜……"那样子，像是在安慰我："别不开心了，和我玩玩吧。"

我写作业的时候，它多半就趴在桌子下面。有时会用呜呜的声音邀请我和它玩。这时，我弯下腰去，用笔的末端轻轻触一下它细长的胡须，它就会抬起短短的小爪子来扑我的笔。那神情好像在说："别胡闹，我要生气了。"

豆豆很听话。"睡觉！"只要我一声令下，它就会趴到地上，优雅地把右前爪搭在左前爪上，小脑袋便轻轻地枕在爪子上，眼睛闭着，看上去似乎已经睡着了。我伸出手去，说："握手！"它就会把带有软软的肉垫的小爪子放到我的手上，让我握着摇一摇。

有些事情，我不想让大人知道，也不想告诉我的小伙伴们，但装在心里，心情又难以平静。这时候，豆豆就成了我最好的倾诉对象。只见它站在我面前，仰着小脸，眼睛不时地眨一眨，露出安详的神态，伸出舌头舔舔它的小鼻子，摇一摇它那小巧的尾巴，仿佛能听懂我的话。这样，在与豆豆一同度过的时光里，我告诉了它我所有的秘密。

我也喜欢和它逗。一次，我把一根绳子拴到木棍上，绳子的另一端系上一节火腿。"豆豆，豆豆！"我呼唤着它。它欢快地跑过来，看到火腿，就跑得更快了。我把火腿悬到它刚刚能够到的地方。它抬头看看，两条前腿往上一纵，张口就咬。我猛地把火腿往上一提，它扑了空。又连续几次，它明白过来了，当我把火腿放到靠近它鼻子的位置诱惑它时，它不再有动作，好像对火腿完全没了兴趣。可是当我放松了警惕，不小心把火腿放低了时，它突然跃起咬住了火腿。哈哈，真是个聪明的家伙！

就这样，豆豆给我的生活带来了无穷乐趣，它陪伴着我整整过了四年。在我的心里，它简直成了我家的家庭成员。可是，天有不测风云——它走丢了！

那天的情景我至今记忆犹新：妈妈说要去买菜，我也要跟着去。当然，我忘不了豆豆。刚开始，豆豆一直跟着我和妈妈，我也时不时回头看看它。它还淘气地蹿到水果摊下面。我逗它说："快出来，不要你了！"它乖乖地出来了。后来，我以为它一直跟着呢，就没再注意它。直到离开市场快到家的时候，我回头一看，它不见了！"豆豆，豆豆！"我焦急地喊着，"妈妈，豆豆呢？"妈妈也很着急，我们连忙回了市场，一路叫着"豆豆，豆豆"……

随后的几天里，我像丢了魂儿似的，一闭上眼睛，满脑子都是豆豆活泼可爱的身影。我一有空就到市场上去寻找豆豆。我把能想到的它有可能去的地方，远远近近都找遍了，就是不见它的踪影。

豆豆，你到底在哪儿呢？你知道吗？我很想你。在我的心灵深处，一直有个地方，那里盛满了你留给我的快乐的回忆！

那是一条命

荆蓉逸

那一天，天灰蒙蒙的，仿佛还淅淅沥沥地下着小雨，刚刚回到乡下的我突然看到了什么东西。

咦，是一只小狗，它睁着水汪汪的眼睛看着我，乌黑的毛蓬松地裹在身上，细嫩的爪子撑在地上。我忍不住去摸它，它也友好地朝我摇了摇尾巴。

吃午饭的时候，我提到了这只小狗，奶奶说，这是一只捡到的小狗。我惊喜地说："那就留在家里吧！"他们面面相觑，都不吱声，我也没有在意这些细节。

到了晚上，我们该回城里了，奶奶居然把小狗带上了车，我更加开心了，还以为他们要把小狗带到城里去，便紧紧地抱着小狗。然而他们开车到村门口就停车了。

他们说要把小狗扔在这里，我顿时呆住了，他们从我手中抢走小狗，我死活不给，泪水唰唰地往下掉。他们力气大，把小狗拉走了，小狗在奶奶怀里叫着，我竭力嘶吼着，他们还是扔下了小狗，狠心地关上门，开着车扬长而去了。

我在路上，再也没有讲一句话，只是一个劲儿掉眼泪。在这个深秋，天还下着雨，一只两个月大都没有的小狗就这样被抛弃在只有灌木丛的路边，它可能运气好，被收养，但是也有可能被冻死、饿死，它还是一个孩子。

我很气愤！它只是一只狗吗？它也是个生命，也是有血有肉有感情的生命！它活在这个世界上，和人没有区别，它只是不会人的语言，这样就可以被你们这样践踏，随意丢弃吗？夏洛蒂说过："我们是平等的……至少，我们通过坟墓，平等地站到上帝面前。"

我脑海里浮现着它最后的哀号，它挣扎着想回到我身边的样子，我的心都在打战！你们就没有一滴眼泪吗？

那只是一只小狗，但那也是一条命……

小　跟　班

杜一诺

我有一个小跟班。只要见了面，她就总是跟着我，像个小尾巴似的。

这个小跟班就是我的小表妹段飞羽，我叫她羽羽。表妹真是人如其名，飞羽飞羽，她就像羽毛一样，轻轻的，小小的。虽说已经八岁了，可是那张小娃娃脸，看上去也就四五岁的样子。

　　说实话，这个小表妹小时候可不是我的小跟班，而是我的死对头。原因不在她，而是因为在她出生前，我在家里的地位可说是如日中天。那时家里我最小，又是唯一的一个女孩儿。三个哥哥都让着我，大人们又最疼我，有好吃的好玩的，都会先给我，平日里我一哭鼻子掉几滴眼泪，不管谁的错，挨批的总是我的三个哥哥，可不是被宠上了天？可是自从她出生以来，我在家里的地位便一落千丈了。她小，大人的关爱都被她夺走了，这还不算，还要我处处让着她。我自然是不干了，于是，在她小时候，便会经常被我这个表姐惹哭了。

　　不知为什么，随着她一天天长大，我竟然越来越喜欢这个小家伙了。而她呢，也渐渐地跟我越来越黏，几乎是我走到哪里，她就跟到哪里。

　　那次我去她家玩，临走的时候，她看我收拾东西，就问我："姐姐，你这是干吗啊？为什么要收拾东西啊？"我摸摸她的头，说："姐姐要走了，羽羽要乖哦。"她听了，立马抱住我，说："我不要姐姐走。"我无奈地看着小家伙说："姐姐以后又不是不来了，姐姐以后再来，好不好？"谁知这小家伙竟然哭了起来，哭得可是惊天动地啊，边哭边说："不……不要……姐姐走了就没人和我玩了……我不要姐姐走……"

　　我喜欢画画，尤其是画漫画。而我这个小跟班也喜欢上画画了。见了我，就缠着让我教她。也许是天赋好吧，虽说她才八岁，画的画已经赶上我三四年级时候画的了。记得有一天，我看她在画画，画得那样专注，那双漂亮的眼睛紧紧地盯着画，眨都不眨。两鬓的头发都散到前面去了，也顾不上往后理一理。看她这么专注，我问道："羽羽，你为什么这么喜欢画画啊？"羽羽听了，抬起头来看着我，说：

"姐姐喜欢，我就喜欢。"我听后，第一次感到自己的魅力是这么大啊！

我的这个小跟班，讨好我的功夫也是一流的。有一次我去她家玩，她看是我来了，竟然扭头就往屋里走，我当时正打算给她一个大大的拥抱呢，看她这样，竟有一种被抛弃了的感觉。难道是我魅力下降了？正当我"自我检讨"的时候，她又出来了，手里还拿着一本书，只见她献宝一样地把书捧到我面前："姐姐，你看。"我拿过书一看，是"阳光姐姐"的书，我深感奇怪——这小家伙让我看这个干吗？于是我问："羽羽，你为什么要让姐姐看这本书啊？""那次我去姐姐家的时候，看见姐姐的书橱里有好几本这样的书呢。上次我去图书馆的时候，看到了就一起借了。"羽羽说。我一愣，这才想起，这小家伙有一次来我家，怕她无聊，就特意从书橱里拿了几本适合她看的书，里面最多的就是这种书了。没想到这小家伙竟然记住了。看着手里的书和表妹那期待表扬的小脸，我的心里暖融融的。

这就是我的小跟班，恨不得天天和我在一块儿的小跟班。

传　　闻

嘉　怡

"丁零零……"电话铃又响了，肯定又是奶奶，我不想接。

可是，那刺耳的声音不肯停止，一直折磨我的耳膜，我只好极不情愿地挪了挪身子，从电视节目中走开，接听电话。

"哎呀呀，乖孙女，你有没有听说盐要涨价啊？现在快去买呀，再不去就来不及啦！"

"奶奶！"没等她的话说完，我便打断了她的话，"那只是传闻，假的，那是谣言！"这已经是奶奶第三次打电话了，每次都是跟盐有关，都是让快去买盐。

电话那头停顿了几秒，一声弱弱的"哦……"结束了这次电话。

我又转身走向电视，天哪，精彩的情节刚刚过去，那可是我苦苦在电视旁等待了一个多小时所期盼的啊！没办法，我只好换一个台，运气不错，这个电视台正在播放喜剧片，我又沉浸在快乐之中。

"呵呵呵呵……"我正冲着电视傻笑着，"叮咚，叮咚"，门铃响了。同时，门外传来奶奶的大嗓门儿："乖孙女，快开门！"

怎么？奶奶来了？

我赶紧开门，只见门外奶奶拎着一大袋东西，我赶忙从奶奶手中接过来，好沉啊，便问奶奶这是什么东西，奶奶得意地说："我帮你们去买的盐，假如以后不够，叫你爸爸到我那里去拿就是了，我那里还有很多。"

看看奶奶，一脸喜气，再看看手中的盐，足够我们一家吃一年。

我告诉奶奶："这是谣言，你不要相信。"奶奶认真地说："宁可信其有啊！"

好吧，我无话可说，把一大堆盐放在家里，有气无力地坐在了椅子上。

奶奶临走时，欢欢喜喜地对我还说一遍："不够来拿啊。"

我哭笑不得。

你说，我是恨谣言，还是爱谣言？谣言虽假，但奶奶爱我们是真！

月 的 滋 味

王 硕

　　青灰色的夜空中，有一团乳白色的光晕，一大片一大片的云朵在缓缓移动，仿佛一番奇丽的景象将从神秘的星空中突然出现。一会儿，那团光晕渐渐形成了一个圆圆的轮廓。我登高远眺，啊！金黄色的、爽朗的、浑圆的中秋月升起来了。

　　青黑色的天空悬挂着的月亮，大如银盘，光华灿烂，像娃娃的脸，稚色十足，那轻柔的金环伴着缕缕云柳轻轻缭绕。月亮越升越高，已经爬上了大楼顶。它俯视大地，把光辉挥洒。我眯起双眼，看到了月亮中模模糊糊的景物。是树？是云？是云雾？是风沙？是我的身影？真是想什么就像什么。忽然飘来了朵朵淡云轻轻地遮住了月亮。只看见月亮在云层中穿行闪光，它挤啊挤，使劲想钻出来。一阵凉风吹散了云雾，月亮重新露出了她秀丽的脸蛋儿，像小姑娘撩去了披在额上的乌发向人们露出笑靥。我觉得那穿于云层的月亮似乎更蓬勃而又富有诗意了。

　　望着渐渐发白发亮的月亮，似银盘高悬天际。我却觉得这月亮就在面前。伸手可撷，只觉得她那么近，那么近，最后模糊极了。月亮，你是否记得荒凉地球的足迹？你可曾见过恐龙的硕大与狂暴？月亮，你可真是外星人发出的卫星？你可又是女娲补天的一块玉石？你与星儿做伴，镶嵌苍穹，你可知甲骨文中记载着你，诗人一举头便从你这儿得到了绝句。啊！遥远遥远的年代，你的光芒洒了那么久那么久。

啊，月亮！很久很久以后，人们将成为你那里的常客，那时请你告诉我哪里有广寒宫、桂花天树，告诉我你遮住太阳的奇观，告诉我哪儿是加加林的足迹，告诉我你每天的行程，告诉我在中秋之夜你可曾望到了小小的我……

耳边奏起一阵悠扬的月光曲，我时而闭目沉思，时而睁眼仰望，时而又细细地品味。啊！月的滋味，月的滋味……

与 书 同 行

张家硕

117

书是知识的源泉，有什么能比乘一叶轻舟在浩瀚的书海上飘荡更让人心旷神怡？无论何时何地，只要一卷在手，就能忘掉百般烦恼。心灵在不知不觉中，融入这阵阵书香中。

就这样，书伴我走过了八个春秋。

我仍清晰地记得自己的第一本书。在记忆中，家中的阁楼里总是放着一只沉重的大木箱，父母也时常打开，拿出一些东西，在夜深人静时，伴着灯光，在看着什么，于是，我对它充满着好奇。

我计划着探索它的奥秘。终于，在我六岁那年，晚饭后，我打着手电筒走入了阁楼，一探究竟，我走到那木箱前，轻轻打开了它。

我不禁深吸一口气，定睛一看，原来里面都是书，这些书比小人儿书大，要厚上十几倍甚至几十倍，上面没有拼音，只有规整的宋体字，没有好看的图画，只有那黑色的小蝌蚪一样的文字。我怀着激动的心情，抽出一本比较薄的书，在手电筒昏暗的光下，我看清了它的名字——《唐诗宋词三百首》，我立即被它吸引住了。

从那之后，我经常在爸爸妈妈的陪伴下诵读书上的唐诗宋词，有时自己也捧着这本书慢慢翻看，虽然识字不多，但我借助字典，竟然也慢慢读完了它。

感受了"每有会意便欣然忘食"的精彩，感受了"蓦然回首，那人却在灯火阑珊处"的美丽，感受了"挥手自兹去，萧萧班马鸣"的友谊，感受了"长风破浪会有时，直挂云帆济沧海"的壮志……

渐渐的，有了"我报路长嗟日暮，学诗谩有惊人句"的才气，有了"坐看云起，傲视群雄"的豪气，有了"天生我材必有用，千金散尽还复来"的傲气……

正是《唐诗宋词三百首》激发了我求知的欲望。随后，我又读完了木箱中的其他书。在那里，我体会着保尔的坚强之心，领略了鲁迅先生语言的犀利，懂得了冰心老人的博爱之心……

我很庆幸，能在凡尘俗世中为生命留一块清净之地，独守那一份闲适与宁静，享受心灵沉浸书香的快乐。

滞销的雨靴

苏家卉

"哎呀，那么多的雨靴，该咋办啊？"老妈近来有些坐不住，每天都在听她唠叨。

"雨靴？什么雨靴？"我好奇地问。

"姑姑家的商店里，前段时间进了很多的雨靴，现在一双都卖不掉！"妈妈一脸愁容。

"留着自己穿呗！"我乐呵呵地说。

"你以为是一双两双啊。"妈妈叹了口气。

原来，在乡下开超市的姑姑，每年都要库存很多的雨靴。因为，春天雨水多，乡下的道路就会泥泞不堪。尤其到了夏天，狂风暴雨，乡下的小路更是深一脚，浅一脚，异常难走。于是，每年春天，姑姑家的雨靴便非常畅销。那个时候，看着四面八方的乡亲都来店里购买雨靴，姑姑脸上笑得就像超市门口的那树桃花。

可随着那犹如彩带一样的水泥马路竣工通车，原来那坑坑洼洼的乡村小路，变得平坦干净。再也不愁刮风下雨，再也不怕泥泞积水了。你看，就连刚刚学会走路的表弟，也喜欢光着脚丫子在水泥路上跑来跑去，高兴时，干脆在地上打起滚儿呢！

这不，滞销的雨靴满满几大箱，姑姑再也笑不出来，让老妈给想想办法！

除了雨靴，姑姑的超市里还有好些东西积压在仓库里。比如，以前非常好卖的影碟，比如那种很便宜的卫星接收机，比如之前卖得特火的扑克牌。

前几天，为帮助姑姑尽快处理滞销的雨靴，爸爸妈妈带着我一起去了趟乡下。

车子稳稳地开往姑姑家的街道上。路旁，一棵棵郁郁葱葱的香樟、金桂整齐排列，一簇簇姹紫嫣红的花团点缀其中，阵阵花香扑鼻而来。路旁两排农家小洋楼，白墙红瓦，窗明几净，错落有致，好不气派。洋楼的飞檐翘角从香樟与金桂的绿叶间，探出半个身子，像是在和我这个来自星星城里的小姑娘打着招呼呢！

"真美啊！"妈妈说，"你看！"顺着妈妈手指的方向，远远望去，村里的广场上，还有一个健身广场，各种健身器材一应俱全，几个小弟弟小妹妹们正在那里高兴地玩耍呢！

终于到了姑姑家，看着堆积如山的存货，爸爸有些激动。"你看美丽乡村建设红红火火，而你的经营思路却还停滞不前。有线电视进了家家户户，你的影碟和卫星接收机还能卖掉吗？隔壁家的大叔大妈都在跳着广场舞，在村里的文化站学唱黄梅戏，你还经营着麻将棋牌室，能跟上时代吗？"爸爸严肃地"批评"了姑姑。

"嗯，我记住了，明天，我就关了棋牌室，去进一批舞蹈服和羽毛扇，保准卖得俏！"姑姑头点得跟鸡啄米似的，"可是，那雨靴呢？"

"我已经帮你联系好了，我一个做工程的朋友，正在搞美丽乡村建设，工人施工需要一批雨靴。这不，钱都给你带来了！"爸爸掏出钱包，拿出几张百元大钞塞到姑姑手里。

"哎哟，你真是我的亲哥哥！"我可爱的姑姑，像个孩子一样，一把搂住我，狠狠地亲了我一口，脸上笑得又像屋外的桃花一样灿烂！

独 一 无 二

美 娟

有时候，最弱小的不一定没有价值。

一株小小的依米，虽不起眼，但却点缀着整个戈壁滩。

依米，在一望无际的戈壁滩上释放着它独特的美，如此恶劣的条件，一株小小的芽正想努力地冲出地面，绽放出多彩的花瓣。谁能想到，一株柔弱的小花竟有如此令人敬佩的毅力。在戈壁滩中，只有根系庞大的植物才能更好地生长，然而，依米的根只有一条，蜿蜒盘曲地插在地底深处，依米需要花费五年的时间来完成根茎的穿插。五年，也许对于依米来说不足为奇，但对于一个人来说或者对于其他生命来说，五年，是一个漫长的旅途，而且，这五年中必须不停地做一件事，这需要多大的耐心与意志啊！

然后，依米需要一点儿一点儿地积蓄营养，为第六年春天的华丽绽放蓄存能量。要知道，戈壁滩环境恶劣，水分不充足，积蓄营养是多么不容易的一件事啊。

终于，春天来了，依米在地面上吐绿绽翠，开出一朵小小的四色花。依米最特别的地方不在于它有四种颜色的花瓣，而是它的花期只有短短的两天。这让我一度觉得很不值，依米用五年的时间来准备，而绽放光芒的期限只有短短的两天，两天过后，依米就随着母株一起

花儿向阳开

香消玉殒了。

　　依米的这种勇气，这种精神，又让我从心底里敬佩它，依米的努力，只为将自己的美丽献给世界，将自己的生命献给大自然，在自己有生之年用最独一无二的美展现出自然的神奇。这，也让我想到了另一种独特的生物——枯叶蝶。它，总是合着翅膀，隐藏自己的花纹与图案；它，从不与其他蝴蝶比翩翩的姿态；它，总是将自己伪装，似乎要远离这个世界。

　　它总是静静地躺在枝头，收敛着自己的光芒，如同一枚枯叶一般憔悴，一动不动，没有谁会注意。枯叶蝶将自己伪装是为了保护自己，就是这样，让它变得特别。

　　枯叶蝶不像依米，但它也是独一无二的，因为它的枯槁，因为它的憔悴。

　　一株小小的依米，将自己的生命献给世界，用自己的美丽点缀世界，用自己的精神感化世界，它，是独一无二的；枯叶蝶，将自己的光芒收敛，将靓丽的自己伪装，用自己的枯槁装点世界，甘愿在角落衬托别人的亮丽，它，更是独一无二的。

　　也许你觉得自己很渺小，也许你认为没有人会在意你，但是，请记住，我们每个人都是独一无二的，这一点就足以骄傲，足以证明自身的价值，就像那株小小的依米和那只不起眼的枯叶蝴蝶！

踩着一地月光

　　正踌躇时，秋风忽起，水面上泛起了一阵阵涟漪。我无意地往塘上一瞥，惊喜地发现，水面上竟倒映着一轮明月！抬头看着深邃的夜空，月亮静静地镶在空中。柔和的月光静静洒在万物上，笼罩着一切，所有的事物都变得美好起来。

踩着一地月光

于黛蕊

悄悄从教室中出来，仰起头来看看夜空，心中满是希望。

终究是失望。

在这秋日的夜晚，空气中浮动着隐隐的凉意。一阵寒风吹来，我不禁搂紧了有些颤抖的身子。校园里，同学们的喧闹声已消失殆尽，偌大的校园给人一种冷清的感觉，这是平日中所未有的。

124

我仍是不死心地看了看天，月亮终被乌云遮着，不肯露出半分。我不禁微微叹了口气，搓搓冰凉的手，竟有些自嘲：从中秋就未曾露面的月亮，怎会就在今天出现？我又哪儿来的自信，确认它就会服从自己的意愿呢？起身正待离去，忽觉头顶上的夜空有了变化：出星星了。我掩饰不住内心的喜悦，嘴角有了弧度。

渐渐的，星星越发多了。我在欣赏的同时，也想着乌云是不是快散尽了，月亮是不是快露面了。正这样想着，苏老师来叫我们了。于是一行人兴冲冲地走到池塘边。正踌躇时，秋风忽起，水面上泛起了一阵阵涟漪。我无意地往塘上一瞥，惊喜地发现，水面上竟倒映着一轮明月！抬头看着深邃的夜空，月亮静静地镶在空中。柔和的月光静静洒在万物上，笼罩着一切，所有的事物都变得美好起来。我用脚打出拍子，轻轻地哼起了《明月几时有》："明月几时有？把酒问青天。不知天上宫阙，今夕是何年……"

沉浸在美好的月色中，与此同时，我竟悟出了一个道理：这次观月就似做事一样，不能像之前未等到月亮便早早灰心，而是应再耐心地等一等，再努力一番，最终也会如观月一般，拨开层层的云雾，心中舒畅。

我继续在布满鹅卵石的小径上行走，只是心中又多了份淡然。找一处亭子坐下，聆听着秋虫的唧啾，心中如水晶一样澄明。透过树叶观赏着月亮，虽看得不太真切，但看着洒进亭子斑驳的月光，却别有一番风味。

踏着满地的月光，我小心翼翼地踩上了草丛，蹲下身来，看清了草尖上亮晶晶的东西——原来是露水呵。用手轻轻一抚，那晶亮的东西便沿着叶子滚了下去。

上了木桥，抚着木质的栏杆，俯下身来看着已经有些衰败的荷叶，心中有些怜惜。想起了初进中学时荷花绽放的美丽景象，不禁感慨万千。水中映着的明月随着泛起的涟漪波动着，我有些微微的感伤，这么好的月光，以后会渐渐随着记忆消散吧。

月光泻在身上，在地上，我踩着一地月光，离毓园愈来愈远，回到了教学楼下。又是悄悄地开了门，进了教室，只听见"沙沙"的笔尖在纸页上摩擦着的声音。在座位坐定，我也如身旁的人一般，拿出了作业，好似刚刚的一切都未发生过一样，如梦消散……

米粒，谷粒

刘永军

这是他从农村到城里上学以来第一次到同学家吃饭，而且还是女同学。走进她家的大门，他才知道什么叫奢华，这是怎样的一个家呀：乳白色的天花板，古铜色的墙壁，青蓝色的地毯……"啧啧，北京故宫也不过如此吧！"他在心里暗自赞叹。

他虽然有点儿拘束，但言谈还算得体，这让他的心稍稍平静了一点儿。上饭时，热情的主人给他盛来了满满一碗雪白的米饭，颗颗雪白的米粒散发着诱人的香气直往他的鼻孔里钻，他咽咽口水告诫自己："千万别吃得太快，要文雅一点儿。"他几乎是数着米粒进口的。吃到还剩浅底的时候，他犯难了："是吃得一粒不剩，还是故意留点儿底儿？"父亲送他上车时的叮咛又在耳边回响了："娃儿，城里人一辈子也没碰过泥土，他们不知道种田的辛苦，不知道米粒的珍贵，你以后吃饭要故意留点儿底儿，别让人家把咱看扁了，以后吃完之后千万别再舔碗了。"其实，他早就养成舔碗的习惯了，每次吃饭时，父亲总要看着他把米粒吃得干干净净才让他离开。可现在究竟是吃得干干净净还是留点儿底儿呢？他偷偷抬眼想从主人的碗里得到一点儿启示，却发现主人早已吃完，正坐在对面的沙发上看着他，碗筷也不知什么时候撤走了。他现在感到自己仿佛是一个正在舞台上表演吃饭的小丑——以前父亲盯着他吃饭，心里是满怀的亲切，可是现在？他也说不出那种奇怪的感觉。

"到底该怎么办呢？"无助的他用筷子无助地在碗里倒腾着，突然那雪白的米饭迸出了一点黄色，那是一粒谷，和父亲那古铜的脸有着一样的颜色。他的心颤抖起来，小时候给父亲送饭的一幕又浮现在眼前，那是一个炎夏的正午，父亲坐在田垄上吃着他送的饭，也是吃到浅底的时候，几粒黄色的谷露了出来，"扔掉吧，阿爸。""胡扯！"父亲像豹子一样吼了一声，他一辈子也没见父亲如此愤怒。接下的情形更让他终生难忘：父亲将筷子插在田垄上，用那满是泥巴的手将谷粒一粒一粒地拈起来放进嘴里，锁着眉头，然后是艰难的一咽……"孩子，那是咱农家的血汗呀！"父亲对满腹委屈的他说。

"是的，粒粒皆辛苦啊，这一点城里哪知道啊！"他夹起一块豆腐，想将那米粒连同那颗黄色的血汗一同咽下。"也不知怎么搞的，现在米价怎么这么低。"主人有意无意地说了一句。"农家的血汗不容亵渎。"他心里说着，将碗里的东西畅快地吞了下去。

127

我们的班主任

李夏云

一向以管理严格著称的王老师成了我们的班主任。听说王老师教学经验丰富，班主任也做了多年。可是我所有的科目中，学得最差的就是语文了，特别是作文。平时我最怕的就是语文老师，可现在偏偏班主任教我们语文，要求又严，我们可要吃苦头了。

真的会这样吗？开学的第一天就公布了一半的答案。她忙东忙西，跑上跑下，到这儿看看，到那儿指点指点。有时直接拿起扫帚就和我们一起干了。

四十五岁的王老师，个子不高，一直工作在教学一线。一天的忙碌定会使她筋疲力尽吧？可她还是笑着对我们说："跑了一天累了吧？好好歇歇吧！"听到这话的我们，心里好一阵感动。

老师这么温柔，难道是第一天的缘故？

但在接下来的日子里，她对我们的热情好似浇不灭的火，越烧越旺。短短几周的时间，她对班里所有人的表现已了如指掌，家长会上娓娓道来，更是让家长们拍手称道。家长们逢人便讲，孩子跟着这样的班主任放心。

她把班级事务责任到了每一个人，可她比谁都累。早上第一个到教室的一定是她。中午、晚上放学，身边总有她的影子。我们就像是她的一群孩子，哪个都丢不得。她常把某个同学叫出去"开小会"，"批评"从来都是单独聊天，从不在班上直接点名。班级文化建设，她给我们出点子，和我们一块儿装饰教室。曾经有一次，班主任因外出学习一天，晚上还不忘在QQ上询问当天班里的情况。

与其说她是一个老师，倒不如说她更像是一个好朋友。

自从她做了班主任，课堂上一向沉默的我也变得积极起来，开始盼望着上语文课了。她能从所有的事物上联想到写作、写字，联想到怎样对待班集体，联想到怎样去做人。王老师能写一手好字，很多同学都模仿她的字写呢！更让我们佩服的是，她的大作经常在各大报纸上发表，我们常常是她的第一听众。每每听着她抑扬顿挫地与我们分享她的文章，心里甭提有多高兴了。遇上这样的好老师，真的是上天在眷顾着我们这群孩子呢。

这样的班主任，谁又会不喜欢呢！

尴　尬

李静静

真的，我长这么大所遇到最尴尬的事，就数那一回了。

那是去年七月上旬的一天，我和赵旭等几位同学一起来到学校领取暑假作业本。谁知来早了，教导主任还没来，于是我们便坐在门外长椅上等着。

不甘寂寞的我们岂能浪费这样的大好时光！于是赵旭提议玩"摸鱼摸虾"的游戏，一时间，这儿时曾特热衷玩的游戏又激起我们无限的兴趣。大家各自掏出手帕，结成一条花花绿绿的蒙眼布。最爱耍赖的赵旭这次一反常态，毛遂自荐第一个蒙上自己的眼睛，于是我们四下散开，热闹好玩的"摸鱼摸虾"游戏便开始了。

很不幸，赵旭第一个就抓住了我，在她们的欢呼声中，我万般无奈，系上了蒙眼布。

霎时，我眼前一片漆黑。我向前探着身子，盲目地挥动着手臂，而且努力地竖起耳朵，翘起鼻子，睁大眼睛（尽管看不见），巴望着能从脚步声中，或者从那充满汗味的气息中捕捉到一点儿蛛丝马迹。然而一切似乎都是徒劳，有时明明感到有人从身旁闪过，可每次总是刚触到衣角，她们就跑开了。三番五次的失手，使我懊恼不已，却又无可奈何，不禁在心中暗暗盘算：一会儿抓住哪个，一定让她尝尝本小姐的厉害。

正当我晕头转向时，突然听到一声喊——是赵旭！犹如在黑暗中看到一丝曙光一般，我狂喜地向发出声音的位置奔去。果然，我撞上了一个人。于是，我毫不犹豫地揪住了她，又是掐胳膊，又是拽衣服，以报刚才赵旭的"虐待"之仇。"赵旭"拼命挣扎，其他几个同学也在一旁大呼小叫地喊"放手"，可我毫不手软，还变本加厉地打她的屁股。这些规则是赵旭定的——对任何被抓到又企图逃脱的人，一律打屁股。我正打得高兴，忽然觉得手感不对，赵旭哪有这么胖呀？况且，她今天穿的是短裙呀！难道……正当我疑惑时，身旁响起一阵颤得厉害的女高音："你……你……你干什么呀？"

我赶忙扯下了蒙眼布。天啊！那人竟是……竟是我们的教导主任！难以想象，往日无比威严的她此刻竟是这般模样：衣衫不整，鞋上全是我踩的脚印，满脸怒容。我吓了一跳，不知该怎么办，一个劲儿地埋怨自己真是搭错了神经，吃错了药。再瞧瞧大家，在场的，除了我和教导主任笑不出来外，其余的人无不捧腹大笑。"惨了！惨了！"我忙不迭地叫着，不管东南西北，飞也似的狼狈而逃。

可是，暑假作业本还得拿呀，同学们都走后，我才硬着头皮溜进教导处，准备聆听教导主任最后一次训话。然而，她并没有像我预料的那样大发雷霆，只是平静地递过毕业照，嗔怪地说："你们这些孩子，都这么大了，还那样顽皮，真拿你们没办法。"

转眼，一年过去了，但我还是时常想起那时的快乐时光，想起那件尴尬的事。

山西老陈醋

银自厚

五味，酸甜苦辣咸是也。而最能代表酸的，就是醋了。据我所知，在咱们中国，山西陈醋与镇江米醋应是醋类之王！而我生于山西，自然偏爱于山西老陈醋了。

山西老陈醋与镇江米醋不同。米醋其香味，如仙女下凡，又如清风拂过，正合江南纤丽的气息；山西老陈醋其味甚浓，虽不及镇江米醋之淡雅，却如雷公击鼓，又如北方大汉，气味粗犷，直沁心脾，也正合北方那豪爽之气。

中华美食数不胜数，饺子当名列前茅。吃饺子蘸醋，也是最经典的吃法。醋味一激饺子，饺子也不敢怠慢，急忙施展出自己的全部功力。醋的酸与饺子的香在嘴里周旋，好比在嘴里打了一场擂台赛，精彩处，不分上下，不辨高低，甚至辨不出哪个招式出自谁手。吃饺子蘸山西老陈醋真乃天下一绝也！

江南米醋入口，味即散，如白水般奔进胃囊。山西陈醋入口味更浓，其味之醇厚，精神随之一振，其味还不罢休，又入体内，呈排山倒海、连绵不绝之势。其气息回荡于嘴内，如大海般辽阔，如苍天般大气，一波接着一波，一环连着一环，环环相扣，直沁心脾。

中华大地处处是宝，山西老陈醋便是其一。山西老陈醋，敢说堪为中华酱料之冠。

十笔画长安

闫笑语

三千红尘路，寥寥九州土，长安于我意何如？

——题记

长安，长安，长久平安。不知何时，于西安，我更喜欢的却是"长安"这个名字。

接连几天，这座城似乎对雨有着莫名的吸引力。绵绵不断的秋雨打湿长安，打湿这繁华的长安，亦打湿这停留在岁月里古老的长安。头顶细雨，一向在小雨下不爱打伞的我，就这样静静地漫步在雨中，描绘着长安。这座城，没有杭州那传说中的断桥，没有北京辉煌雄伟的故宫，没有姑苏城宁静的阁楼，亦没有青石板阶路和烟雨中的小船。可它的美，是金戈铁马中的美，是盛世烟花下的美，是带着三分惆怅、三分墨香、三分淡然的美。天边正夕阳，勾起一抹霞光，无关风月，只为这座城带给我的记忆如常。

未央的歌舞映着半世风华，骊山的秀美衬着老树枝丫，鼓楼的沧桑绘着岁月如画，阿房的宫灯照着千年繁华。《长恨歌》诉说着流传的神话，十三朝古都依旧美丽无瑕。长安的酒酿出那故事发芽，长安的雪落下那宁静淡雅，长安的歌唱出那冬春秋夏，长安的风又吹入谁

132

家？

　　这一笔落下，流散在天涯，凄美的白墙墨瓦长安已无话。

　　这一笔落下，满城竟飞花，清香的半盏早茶长安城不答。

　　这一笔落下，流年叹书画，晕开的笔墨纸砚长安亦归家。

　　这一笔落下，几番留蒹葭，憧憬的渔歌唱晚长安无荣华。

　　十笔画长安，待到日落再观赏，那星光璀璨是我最爱的模样。抬头望，这座城，十笔的长安勾勒尽繁华与沧桑。那一瞬间，似看到其多年前的容貌。

　　吾乡长安，长久平安。

放松一点儿

洪菁驰

　　有人说，当人掉到水里时，只有拼命地往岸边游，才能获得生存希望。可是，那些不会游泳的人越是挣扎不就陷得越深了吗？也许，掉到水里的人离岸边很近，只需要憋一口气就能像气球在水面上一样漂到岸边，最好放松一点儿……

　　记得在我五岁的时候，妈妈说要带我去听一场音乐会，说是让我六岁的时候学弹钢琴，所以就让我提前感受一下音乐的魅力。走进音乐厅，台上立着一架端庄漂亮的钢琴，可能是我当时太好奇，三番五次地想冲上台去摸摸它，但都被妈妈拽住了。音乐会开始了，不像是演唱会那么热闹，全场一片寂静。钢琴家的演奏使人们陶醉了，那

踩着一地月光

曼妙的音符仿佛有魔力。突然，场内一片漆黑，原来是停电了。钢琴家停止了演奏。人们开始絮语。可是，几分钟后，音乐又萦绕在了人们耳边，透过了黑暗中的微光，我看见钢琴家闭着眼睛，放松而又陶醉地弹着。我也跟着他摇头晃脑起来……直至今天，那"黑暗中的音乐"一直铭刻在我的心里。

时间如白驹过隙，一转眼，我都上小学了！在一次校运会中，我很荣幸能成为跳高选手。来到跳高赛场前，腿却不停地发抖，因为我前两次都没拿到名次，生怕这次跳不好，所以如此紧张。

才过了一会儿，就轮到我跳了。还好，第一次跳杆比较低，成功地跳过去了。接着第二次、第三次也跳过去了，大概是侥幸吧！终于，到了至关重要的一轮，如果这次跳不过去，就无法进入决赛，与名次就无缘了。我看着那冰冷的跳高杆，高度犹如到了九霄云外，它仿佛在笑着对我说："跳呀！你跳啊！要是跳不过去全班人的脸都要被你丢光了！"不出我所料，第一次跳就失败了，第二次也是，这样，还有最后一次机会了……

我近乎绝望了，这时，观众席上有同学在为我呐喊助威，我真心不想让他们失望。忽然，我脑海中那块"黑色的面纱"慢慢揭起——那位钢琴家在黑暗中轻松地弹着钢琴……我似乎明白了什么。那时，我深呼吸，调整好自己的心态，飞快地冲刺，轻松一跃，那一瞬间仿佛定格住了，我不知道自己当时在想什么，只知道我闭着眼睛，很放松，很放松……我从半空中落到了弹簧似的棉垫上，有一点儿痛，但是身旁什么也没有，只有我孤零零地在垫子上，杆子纹丝不动。我跳过去了！真的！我突破了自己的极限！这时，钢琴家放松的神情又出现在我的眼前……

放松一点儿！放松不仅是一种状态，更是一种心态。无论遇到什么，都要放松一点儿，生活就离奇迹不远了。放松一点儿，让微风常吹！

压　缩

徐天泽

阳光透过窗，抚摸着她平静的脸。

一颗衰弱的心脏，渐渐停止了跳动。

顿时，周围嘈杂起来。随着撕心裂肺的哭声揭开序幕，吼叫声、奔走声、丧乐声……世界一下乱套了，让人觉得眩晕，可是，我分明听见：

"辰辰，记得要穿暖衣服啊！"

"辰辰，我不吃，你自己吃啊！"

"辰辰，常回来看看啊！"

此刻熟悉的话语不断回响在我耳边，我禁不住热泪盈眶。

老婆婆走了，就这样，走向了另一个世界。

老婆婆火化后的骨灰被压缩在一个小小的骨灰盒中。

跪在她的坟前，泪水模糊了我的双眼，一个水泥搭建的小亭子孤独地兀立着，四围是丛生的杂草、高低不平的杂树，还有散乱的大小不一的土坟丘，想到一向爱热闹的老婆婆竟要永远地归宿于此，泪水顿时肆虐地流淌。

袅袅青烟氤氲在眼前，我睁开模糊的泪眼，蓦然，我看到了盒子中央玻璃窗格中老婆婆的相片，慈祥的脸，端庄的神情，尤其是那笑盈盈的眼睛，一下子将我的思绪拉到了她的生前……

　　我年幼时，常常住在婆婆家，老婆婆也和婆婆住在一起。年幼的我很调皮，常常把家里搞得鸡犬不宁。每次早晨刚睁开眼，便不管三七二十一，被子一蹬便疯玩起来。这时，她总会艰难地爬起来，费力地追着我跑，将衣服一件件替我穿上，那力量仿佛要把衣服绣到我的肉上一般。而我总是百般地躲避她，害她总是跑得气喘吁吁。每次送我回家，她总要一步一句地重复那句话：

　　"辰辰，要穿暖衣服啊！"

　　后来大了些，我不再满院疯跑了。过年时，拿了满口袋的糖，满心欢喜。却见老婆婆在努力干活。她坐在门口卖力地擦着一口铁锅，寒风凛冽，把她灰白的头发吹得乱蓬蓬的，依旧穿着那件不知过了多少年的老式藏青斜襟旧棉袄。我跑过去赶忙挑了几个最好的巧克力，"老婆婆，吃吧！"她惊奇地望着我，干瘪的嘴笑得挤成一团皱纹，用粗糙而龟裂的手摸着我的手，却不接糖。

　　"辰辰，我不吃，你自己吃啊！"

　　现在，我长大了，每次到老婆婆家，总会发现，老婆婆已经早早地站在村口的电线杆旁，满心欢喜地迎接我们。到家后，老婆婆就忙东忙西，拿这拿那给我们吃。吃饭时，几乎要把每道菜都夹些给我，说这个营养好，那个吃了长个儿。临别时，她同样要把我们送到村口的电线杆前，千照应万叮嘱，目送着我们，久久不忍离去。

　　"辰辰，常回来看看啊！"

　　唢呐声、鞭炮声将我的思绪重新拉了回来。

　　看着骨灰盒慢慢放进了墓穴里，从此她将归入尘土。

　　我盯着老婆婆的新坟，阳光正灿灿地照耀着它，我摸着那冰冷的水泥建筑，再次凝视着她的遗像，老婆婆朝我温暖地笑着。

　　爱，永不会被遗忘，更不会被压缩。

那一次，我"胜利"了

工藤新一

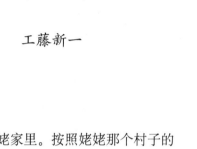

记得那天是一个节日，我正住在姥姥家里。按照姥姥那个村子的习俗，这一天所有亲戚都要在一起吃午饭。中午11点来钟，该来的人都来了。姥爷在厨房里忙着做饭，其他的人都在胡同里玩。不时传来的说笑声，把正在床上看电视的我吸引过去了。

在胡同里，不知是谁把家里的儿童自行车拿了出来。我本来想叫他们去看儿童动画片《奥特曼》，但是不知道为什么我跟他们一起玩起了自行车。我们几个小孩儿约定每人玩一会儿，轮着玩。

轮到我了，我兴高采烈地跨了上去，这时我才发现——我不会骑啊，可是我也不想丢这个人，便一脚着地一歪一歪地往前蹬了几步。这时，我后面的小弟弟——我二姨的儿子——忽然跟我要。我二姨笑着，用央求的语气向我说："你就让弟弟玩一会儿吧，他一会儿就不玩了，不玩了再给你好吧？"我心里不愿意，但是也没有说话。我二姨就对小弟弟说："快去吧，你哥哥让给你了！"然后他就开始过来推自行车，我不想给他，就抓着车把不放。亲戚们七嘴八舌地说我，让我给他玩一玩。我生气地一下子把自行车推倒在地上，自己跑回院子里去了。

因为正在气头上，回到院子里我立刻就把家里的大铁门关上，插上门闩，不让他们进来了。我蹲在大门旁，心里愤愤的，老是想哭。外边的人发现以后很纳闷儿，就开始敲门，我就是不给他们开。嚷嚷声惊动了正在做饭的姥爷。他出来一看，立马明白了是怎么回事，过来就要开门，还骂了我一句"臭小子"。我更加生气了，噌地一下蹿过去，用背把门顶住，不让他开。可他用右手抓住我的肩膀，一下就把我给揪到了一边并按住我，使我没有力气反抗，左手随即拉开了门闩，外边的人全进来了。

我更加生气，泪水随即涌了出来。姥爷一松手，我立刻跑了出去，心想：反正在这儿也待不下去了，回家啊！

我上了马路，头也不回地朝着我家的方向跑去。等姥爷反应过来的时候，我已经跑了很远。他赶忙跑到马路上，气喘吁吁地追上我，拽住我的衣服想把我拽回去，我挣扎着不回去。让我无奈的是，姥爷打了我的屁股，用胳膊把我夹起来便往回走。我哭喊着，扑腾着……

到了家，姥爷才把我放下，并且转身将大门锁上了。二姨看见我回来了，就用央求的语气对小弟弟说："咱别玩了，让你哥哥玩一会儿，你看他都哭了，我们去看电视吧。"然后把那个小车子给我，我自然是不要。二姨拉过我的手，把车把放在我手里。我接过车把，用力地把车子推倒了。接着又哭了起来，哭到泪都没有了，便委屈地哼唧着进屋子里去了。

看见小弟弟正在和大人们一起看电视，我的怨气又上来了，一句话没说，从他手里抢过遥控器，便趴在床上胡乱地按起来。大人们都七嘴八舌地说我"不听话"，我越听越觉得冤屈。小弟弟因为遥控器被抢了，咧着嘴哇哇地哭，我完全不理会他的哭声。二姨没法了，只好哄着小弟弟去外边玩。

我，终于"胜利"了……

就这样，我们慢慢走近

刘霁雯

期中考试后，老师的"指挥棒"在教室里潇洒地一挥，我和她，两个彼此陌生的人撞在了一起，开始了"艰苦"的同桌生涯。

相 识 恨 晚

我俩并不熟，从同桌开始，除了偶尔上课奉老师之命开展同桌之间关于学习上的讨论，几乎从未说过一句话。时间一长，我渐渐发现我俩性格十分相似，矜持、内敛、羞涩……经过一段沉寂的岁月，经后面的两位"做媒"，交流才慢慢开始——

"班长，我文具盒没带，借我一支笔……"

"好，自己拿……"

"班长，你字真漂亮，改天教我练练呗……"

"一定，一定……"

虽然每次你的回答都很简短，但依稀能听出，你对我们之间的友谊也如我一般渴望……

耳 鬓 厮 磨

你语文不错，数学有点儿不好；而我呢，语文有点儿不好，数学一般般。哎！看来老班有眼啊……在学习上，我们互补互助，在生活中，照样也不例外，而且随着关系的更深一层，我们之间的称呼也发生了改变——

"老吴班长，这句话怎么理解啊……"

"哎呀，你个笨蛋，这么简单的都不会……"

"哎，旁边的那位，这题怎么列方程式……"

"嗨……你还好意思说我笨，如此简单的方程都不会列，亏你还是班长……"

每天都会在打打闹闹中度过，好不快活。先前曾想过，老师如果把你这个"冰块"调走该多好，现在呢，唉，离开一会儿，心里就觉得空落落的。

水 乳 交 融

刚进初中时，难免会哭几次，不过值得本人欣慰的是，在我无助时，还有你为我两肋插刀……

"呜呜……"

"这位，你这是咋的啦，没事吧……"

沉默……

"谁弄的，我找他报仇去……"

又是沉默……

"求你别哭啦，我受不了了……"

我一抬头，目光与你对视，不禁扑哧一笑。但脾气倔强的我不会在你面前承认我的怯懦，看着你眼角溢出的紧张，无奈之下，传过去一张皱巴巴的小纸条，上面写着几个字——"谁说我哭了啊，我才没。"

简简单单的快乐，温暖着紧张的求学时光。静静的，却不孤单，相识相知就是一种幸福。

泥　土　赞

牛体亮

沿着一条蜿蜒曲折的小河向前走，欣赏着路边挺拔的树木和一望无际的绿油油的庄稼，小野花打开五彩的花瓣尽情地舒展，忘情而又羞涩。这时，也许你被这一切深深地迷住了，但是，你可曾记起你脚下丑陋不起眼的泥土？如果你爱大自然中的一切，那你更有理由去爱泥土。

泥土，它不争名夺利，朴实无华，默默无闻，总是无私地孕育着万物。春日里的泥土，显得更加不起眼，在姹紫嫣红、争奇斗艳的花丛中，人们哪里还有心思去欣赏这脚下的泥土。可是，人们忘了，忘了这春天虽然需要花朵来装扮，但是，没有了泥土，花儿将在何处绽放？树木将在何处生根？我们美丽的春天，哪里才能寻找到她？

我们无从知道。

泥土没有华丽的外表，但它这朴实的身躯下，隐藏的却是善良圣洁的灵魂。泥土从不抱怨花儿的美使它显得不起眼，也不抱怨树木将它衬托得更加平凡，更不会抱怨小草遮住了人们看到泥土的视野，它默默地奉献着自己的一切。

有位诗人曾经说过，世界上最芳香的便是雨后那湿润的泥土的芳香。是啊，这时泥土的香气，没有桂花的浓郁，没有腊梅花的醉人，没有百合的清新，有的只是朴实的香、纯洁的香、令人无限回味的香。这香沁人心脾，使你感到踏实、沉稳，更使你的灵魂得到净化。这使我想到了具有泥土精神的老师。

老师们默默地哺育着祖国的花朵，无怨无悔，把自己的青春留在讲台上、黑板上，他们从不索取什么。深夜里，他们批改着作业，那么认真，那么专心，就这样，一年又一年，他们培养无数的国家栋梁。他们默默无闻地工作着，一年又一年。当学生们记起老师那已模糊的脸庞时，心头不禁一震，立刻有了一种冲动——再去看看自己的老师。当他们发现老师老了，才明白老师当年对他们的爱……

世界上可爱的东西有很多，但我更爱泥土，爱泥土的灵魂、泥土的精神、泥土的香气，也更爱泥土般的老师。泥土，奉献中包含着平凡，平凡中诠释着伟大。

手 掌 心

陈诗雨

周五，回家途中，我悠闲地倚在副驾驶的位置上，手中的MP3播放着丁当的歌。望着一旁专注开车的父亲，我微笑着问："爸爸，这

些歌是徐叔叔下载的吧？"

父亲目不转睛地盯着前方，嘴角流露出笑意："怎么，不好听吗？"

"当然好！你看我和徐叔叔多有共鸣，不像你们这些人，土！"

父亲继续笑着，只是再没搭话……

周日下午，父亲有急事，换了徐叔叔来接我。我继续打开MP3听着歌曲。我问徐叔叔："叔叔，这些歌是你下载的吧？"

徐叔叔一愣，一头雾水地望着我。

"嗯？这不是你下的吗？我可从来不听女星的歌。"徐叔叔停了一下，"哦，那一定是你爸爸下载的！"

我呆住了，满脑子想着昨天的情景……

几天后，又是父亲来接我。在路上，我拿出MP3，放出音乐，又问道："爸，这些是你下载的吗？"

"嗯！你喜欢吗？"

"当然了！"我诚挚地回答。

父亲转过头来，给我一个简单却又深沉的笑……

清风，掠过我的脸颊；雨点，淅淅沥沥地打在玻璃上。耳边，再次响起丁当的那首《手掌心》……

有人说，父爱是一缕清风，吹拂着我们的心田；也有人说，父爱是一线光芒，驱走我们心中的阴霾；而我说，父爱，就是我生命中的一首歌，一首不动声色却能流进心田的歌。父爱，是温暖的手掌，捧着心里的宝。

不该发生的悲剧

许 诺

就在上一秒，她还拥有梦寐以求的一切，幸福得像花儿一样，转瞬间，她便坠入了无边的深渊。

——题记

透过玻璃，我能清楚地看到，她安详地躺着，穿着礼服，就像童话里的白雪公主，肌肤白得像雪，唇是那般鲜红，仿佛她不一会儿还会睁开她含笑的眼讲话似的。她的周围摆满了鲜花，一如她的生命，美好而短暂。

悲剧发生得如此突然，就在那辆货车夺走她的生命之前，她的父母还在因她考上了重点大学而笑逐颜开，邻里和亲戚纷纷祝贺她，而我，更是羡慕。

可是现在，所有人都站在这里——没有祝福的话语和喜悦的笑容，只剩下低低的抽泣声和悄然滑落的眼泪。

她的母亲坐在一边，面无表情，嘴唇发白，脸上没有泪。我知道，这几天，从人生的大喜到大悲，她似乎已经笑完了所有的笑，哭尽了她一生的泪，无泪可哭了，也再笑不出来了。

可以想象，那天中午，她是怎样兴致勃勃地准备着精致可口的饭

菜，细心地斟酌女儿最爱的糖醋排骨的糖醋比例，希望让女儿享受到最美的味道，然后，她耐心地等待女儿回家，想着女儿回家一进门就吸着鼻子说"好香"……

后来电话响了。丈夫打电话告诉她女儿今天中午在外边吃，敷衍了几句就匆忙挂了。她很疑惑，可怎么也没有想到女儿在医院……直到女儿抢救无效死亡，她才终于知道了事情的真相。

这真是一个晴天霹雳。

那个女孩儿，只是在马路上一不留神，就摧折了自己的生命。她高中拼搏了三年，终于考上了名牌大学，没有辜负父母的期望——三年，她无时无刻不在奋斗，无时无刻不在拼搏……

而这一切，都在那一瞬间变得毫无意义。她有韩剧女主人公的资质，可生活不是电视剧，她终究没像韩剧女主人公那样侥幸地大难不死。

生命是那样美好，生命又是如此脆弱，易碎如玻璃。不经意间一个生命就被带走了，你甚至都来不及反应，就把痛苦留给了那些爱你的人。

我走在路上，小心着，谨慎着，祈愿天下人，一生平安！

桑林里的童年

刘　燕

我的家乡到处长满了桑树，那里是大人们的劳作之地，是孩子们的乐园。

　　春季，桑树枝上冒出了一片片嫩嫩的芽，我们这些小调皮就天天盼着，盼望桑树上快快长出一颗颗紫红紫红的桑葚。

　　终于有一天，桑树上结满了绿里带红的桑葚。

　　我们禁不住桑葚的诱惑，放学回家，都跑到桑林里尝个鲜。

　　桑葚很多很多，一颗颗、一串串紧紧挨在枝头，掩映在绿绿的叶片里，煞是可爱。它们像调皮可爱的小娃娃，有的藏在桑叶上，好似"闭月羞花"；有的偷偷拨开树叶往外瞧，俏皮可爱；有的大模大样地躺在枝头上，悠闲自在。微风吹过，桑叶沙沙地响起来，好像是那些娃娃的笑声呢，它们在欢快地招呼着我们。

　　我们相互招呼着，摘下一颗桑葚，往嘴里一扔。哎哟，好酸！正值初夏，桑葚还没成熟，自然酸得可怕，可我们这一群大馋猫才不管酸不酸呢，定要吃得说不了话才肯罢休。

　　渐渐的，桑葚是紫得不能再紫了。这时候，我们像赶集似的涌向桑林，争着吃桑葚。

　　桑葚红里透紫，紫里带黑。摘一颗放在手上，细细地端详着，手中的桑葚竟是彩色的玛瑙，那样的美，那样的珍贵——我都舍不得品尝了。

　　这时，一个调皮鬼快速闪过，还没反应过来，就被他一把夺过，扔进嘴里，那真是又气又急。

　　摘几颗桑葚解馋，又收集几颗包成团挤出水汁来，悄悄走到那调皮蛋背后。"啪！"双手拍在对方的脸上。尖叫声中，一个大花脸就诞生了，接着更是闹得不可收拾了。半小时后，我们的手上、衣服上都是一块一块的紫色，大家的脸上也仿佛挂满了紫色的笑容。

　　童年在那快乐的桑葚战里，童年在那美味的桑葚味里，童年就在那美好的桑树林里。

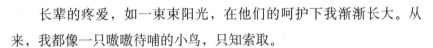

我也是一束阳光

王小洁

长辈的疼爱，如一束束阳光，在他们的呵护下我渐渐长大。从来，我都像一只嗷嗷待哺的小鸟，只知索取。

去年，外婆病了，卧床不起，病得很重，家里似乎笼罩着一层阴云，爸妈外出四处寻医问药。于是，家里有时候只剩下我和外婆在一起。

这天，妈妈听说在李堡村有个偏方，离我家还挺远，就急急地拉着爸爸开车过去了。我坐在外婆床前，摸着外婆的头，心里也格外焦急，默默地祈祷着。

"婆婆，你想吃点儿什么？"看见外婆醒了，我问道。"面条，我想吃点儿面条……"外婆口中喃喃着。

外婆几天都没好好吃东西了，怕是饿坏了，"你等着，我去给你做。"我转身就跑，刚跑到厨房门口，我一下子站住了，我这个"上不了厅堂，下不了厨房"的人，平时总是衣来伸手，饭来张口，外婆要吃面条，我怎么会弄啊？

厨房里储存的食物很丰富，我却急得团团转——怎么下手呀？老妈，你什么时候回来啊，外婆可最爱吃你做的面条了。突然，门外一声动静，爸妈回来了？我大喜过望，忙拉开门奔出去，唉，过路的！

我朝大路望了又望，很不情愿地转身，关门，又听见房里传来外婆翻身的声音。轻轻地探身看一看，外婆侧着身，躺在床上，嘴里小声地哼哼着，似乎怕吵着我，还努力控制着。我难过极了，想想平时，外婆身体好的时候，什么好东西都想着我，一从学校回到家，外婆就问我饿了没有，给我拿好吃的，她总是说："娃儿在学校学习辛苦，要加强营养，改善生活。"可如今，她生病了，要吃碗面条，我却……

不行，我一定要给外婆做碗面条。转身进厨房，打开柜子，找出面条。先烧水再放面条，还是一起下锅？犯了难，我想平时妈妈煮饭的时候都是水米一起放的，面条也是这样的吧？对！放水，下面，点火，打开煤气灶，烧呗。我心里想着外婆吃着我亲手煮的面条，一定会高兴的。"噗噗噗……"锅里沸腾了，锅盖被顶了起来，气泡直往外冒，慌忙掀掉锅盖，好烫，关火。怎么还有点儿白，怕是没熟吧？还得烧。好一会儿，锅里传来一阵焦煳味，不好，连忙关火。有点儿焦，还坨了，唉，真难受，平时外婆做好了，我还嫌这嫌那，轮到自己……没办法，盛起来，放点儿盐，浇上油，舀些酱，再拌一拌，好像焦味少些了。

"外婆，给您做了一碗面条，可是有些焦了，您将就着吃。"我扶起外婆，给她披好衣服。"好啊，娃儿懂事了，知道关心外婆了。"外婆端过面条。"好吃吗？""好吃，好吃，娃儿做的都好吃，外婆似乎也有力气了。"看到外婆吃得那么香，我心里甭提多高兴了。

这时爸妈从外面回来，看到这一幕。"小洁现在懂事了，不再是只张嘴索取的小鸟，也是一颗给人温暖的小太阳了。"

外面，阴云已然散去，一道阳光射进屋来。

后来，外婆的病好了，妈妈也教会我做面条了。

是啊，有时，我也是一束阳光，点亮自己，照亮别人。

心 中 有 梦

吴屹峰

我无法道出在冬日里见到一只蝴蝶的感受。那是一只白蝶，是一只冬日里的白蝶，是一只在冬日里奄奄一息的白蝶！

白得几乎透明的翅膀有些残缺，在微凉的风中轻轻摇晃着，触角无力地垂落，这是一个没有生气的小生命。

我小心翼翼地把它捧在手中，轻飘飘的蝶，羸弱得几乎被风吹走，蝶似乎死了一般，歪斜地被我托在手心。我想象不出它的生命是如何撑到这微寒的初冬。蝶只有几天生命，难道是深秋孕育，初冬破茧而出？答案不得而知。可怜的蝶呀，还没有体会到春的温暖与美好，却将离开这个世界了。

突然，我的手心一阵微痒，我几乎不敢相信，那是白蝶的腿在动，眨了眨眼，没错，白蝶开始活动了起来。

似乎是我手给予的温暖，在舒展几条细小的蝶腿的同时，蝶也小心翼翼地摆动翅膀，为振翅一飞做准备。原来是想飞翔？能飞得起来吗？我内心充满了疑惑。

突然，一阵凉风袭来，白蝶已被风吹落在了地上，还是不行哦，我蹲下身子，继续观察这只小白蝶。

白蝶似乎不甘心，又摇摇晃晃地站立起来，双翅微动，一开一闭，好像是苍白无力的嘴唇在倔强地说："我不怕，我有梦，我要飞！"

可是，老天似乎不给白蝶面子，一阵阵对于白蝶来说的"强风"袭来，蝶一次次摔倒，又一次次地爬起。

我终于失去了耐心，不可能的，这只是一个卑微的生命。心中泛着阵阵酸楚，转身准备离开，突然，白蝶飞了起来。

白蝶终于飞了起来，倔强地飞了起来！

我呆在原地，望着白蝶飞出我的视线，心中有梦的它，飞翔的样子好可爱！

我默默念着：心中有梦。我记住了，默念三遍，快步向前走去。

外婆门前的苹果树

牛庭语

望着外婆门前停车场冰冷的水泥地，我陷入了沉思。昔日的景象在脑海中闪过：碧绿的葡萄藤、鲜红的灯笼椒，还有那婆娑的苹果树影……与此同时，记忆的闸门缓缓打开。

苹果树是妈妈送给外婆的，外婆满心欢喜地将它栽到了门前的花园里。树苗是那么弱小，那么纤细，几片细小的嫩叶轻轻挂在枝头，显得弱不禁风。

从此，外婆每天都精心地为它浇水、松土。

树苗苗壮成长着。但三年多过去了，一个果子也没有结。外婆宽慰自己："放心吧,老婆子,明年一定会结出果子的,你的辛苦不会白费。"

外婆把美好的愿望全部寄托给了苹果树,苹果树也好像听得懂她的话似的,更加努力地生长。终于,在第二年秋天,苹果树结出了又大又红的苹果,尽管不多,但外婆高兴极了。外婆自豪地说:"我就说这苹果树通人性嘛,只要用心照顾它,它一定会回报给大家的。"呵,这是从未有过的甘甜呐!爸爸连苹果核都吞了下去,表姐一吃就是三个。

那年我五岁。

春天,我和小伙伴们在树下玩耍,一起用小铲子挖杂草,一起提着沉重的水桶摇摇晃晃地为它浇水。

夏天,外婆和我一起听树叶中清亮的蝉鸣。夜晚,外婆搂着我坐在树前,清冷的月光穿过树叶洒在地上,映着外婆沧桑的面庞和那双充满快乐的眼睛。

秋天,落叶满地,我和外婆用长长的扫帚清扫落叶,一起用剪刀将多余的枝蔓剪掉。

这棵苹果树伴我成长了八年,八年来外婆每天毫不疲倦地照顾着它,显然苹果树已成了她生活的一部分。苹果树似乎也懂得知恩图报,每到秋天都果实累累。邻居们见了都不住地夸赞:"老婆子,你用了什么先进的技术,让树结出这么多又大又红的苹果?"每到这时,外婆总是自豪地说:"哪有啊?你只要每天精心呵护它,它是会感受到的,这棵树可通人性呢!"说完,脸上露出灿烂的笑容。

直到有一天,外婆接到了物业的通知,由于汽车过多,停车场已经不够用了,所以要占用外婆的花园建停车场。那天下午外婆默默地望着苹果树叹息:"唉!咱们的缘分到头了吗?"外婆喃喃地说着,两行浑浊的泪水悄无声息地流过脸庞。

第二天一早,物业的工作人员来了。伴随着电锯刺耳的声音,

151

踩着一地月光

雪白的木屑翻飞着，苹果树干上的伤痕越来越深，伤口处淌出些许汁液，像是痛疼无助的泪水……

几只小鸟的叫声将我从回忆中唤醒。啊，春天来了！

我叹了口气，正准备离开时，突然看见在深灰的水泥缝中，原来苹果树扎根的地方，一株幼小纤弱的苹果树苗伸展着嫩叶，在微风中轻轻摆动着。

童年的那支棉花糖

程　芳

每当我吃棉花糖的时候，就会想起我五岁那年冬天做的一件傻事，我相信你听完之后，也一定会大笑起来。

那是一个冬天的早晨，妈妈和阿姨带着我出去玩。在回来的路上，妈妈给我买了一支棉花糖。那棉花糖软软的，甜甜的，美味极了！我吃完之后觉得还不过瘾，就央求妈妈再给我买一支。一旁的阿姨见状，忙掏出钱要帮我买，但妈妈却说："她这些天牙齿不好，医生说别吃太多甜食。"于是，阿姨就笑着对我说："等你牙齿好了，阿姨再给你买。"我听了之后，非常无奈，谁叫我牙齿不好呢！

虽然没吃到棉花糖，但我心里已经打好了如意算盘：不就是棉花加糖嘛，我回家自己做。中午，我们回到家，妈妈把我放在一边，就去做午饭了。我蹑手蹑脚地来到卧室，打开柜子，费尽了力气把被子拉出来，拉开拉链，抓了一大把棉花，再拿一根筷子插进去。然后我轻轻地走到厨房，趁妈妈不注意，偷了一勺糖，一溜烟地回到房间。我拿起糖，把它倒进棉花里，我刚要张大嘴巴咬下去，突然想到，没有水，糖是不会融化的。于是，我小心翼翼地跑到客厅的饮水机前打了一点儿水，倒进棉花里。接着，我又到炉子旁边烘起棉花来。不一会儿，棉花就被我烘干了。我得意地望着自己亲手做的"美食"，张开嘴巴就吃了起来。

可我总觉得这棉花糖，没有买来的好吃。于是，我又把它吐出来。这时，妈妈正巧进来，她看见我满嘴都是棉花，急得直问我怎么回事。我只好乖乖地把事情的经过一五一十地告诉了妈妈。妈妈听完笑得合不拢嘴，说："你这个小傻瓜。"

虽然这件事已经过去多年了，但我仍然清楚地记得那个小傻瓜吃"棉花糖"的情景。

父爱如山

张昕华

"疼死了，医生，你能不能轻点儿拽，我的胳膊啊！"

病房里传来我的哭喊声，我的胳膊骨折了，这已经是第二次了，俗话说："吃一堑，长一智。"可我不但没长"智"，还笨了许多。

去年冬天，我在一次放学回家的途中摔倒了，手腕弯曲着地。那一刻，胳膊疼得要命，仿佛一根针直钻骨头，剧痛无比。被送到医院后，望着不堪入目、已肿成猪蹄似的胳膊，我不禁潸然泪下。自己真是个榆木脑袋，走个路也不专心，现在倒好，骨折了。我真是后悔极了，可是胳膊已经成这样了。

父母很快赶到了医院。看到父亲严厉的眼神和母亲脸上的泪珠，我低下头不敢作声，等着父亲的责备。父亲从来都不会安慰我，我也从来不敢在他面前哭鼻子，每次做错事，不狠狠骂我就算是烧高香了！果然，父亲说话了："女儿啊，你说说你还能干点儿什么，走个路都能骨折，有没有点儿自我保护意识啊，算了，算了，还是先去检查吧。"他挥挥手。我心里很不乐意，都成这样了，他竟然还在这里训我。"你就别埋怨孩子了，都啥时候了！小华，小心点儿，很痛吧！"妈妈一边扶着我的胳膊，一边掉着眼泪。我依然保持沉默。

此时外面一片阴沉，大雪飞扬。我被护士带到了一个房间去拍片子，护士让我把手放在一个台子上，还让我把胳膊动来动去。我忍着尽量不哭，因为父亲看到又会说我了，他总是讨厌我哭，要我坚强。可是，眼泪就是不听使唤，扑簌簌滚落下来。忽然，不经意间瞥见窗外的父亲，他竟然哭了，在阳光下，他的脸是那样苍白。我对他的不满瞬间消逝。

拍完片子后，来到专家门诊打石膏。这个专家，应该叫"砖家"，他竟然比护士的心还要狠、还要硬，拉着我的胳膊，使劲往外拽。我哇哇大哭起来。父亲火了，瞪大了眼睛，竟然冲着专家大喊："你就不能轻点儿？你看孩子痛得受不了了！"专家面无表情地说："这是为了你孩子好，治病能不受疼吗？"但疼痛难耐，我咬住了身旁的父亲的手背，他没有抽回手臂，而是静静地任由我咬……

打完石膏后，我看着父亲手背上深深的牙印，羞愧极了。父亲却乐呵呵地说："没事，为了女儿，我什么都愿意做。"我踮起脚尖，轻轻地亲了父亲一下，说了一声"爸爸，我爱你"，父亲沉默了。因为从我记事起，我从来没说过这样的话……

在父母的细心照料下，我康复出院了。这次生病，让我意识到了从前一直被我忽略的父爱，其实父爱同母爱一样无私而伟大，父爱总是默默无闻，只有用心才能体会得到。

一次特殊的考试

徐乐怡

"星期五开运动会啊……"当老师在课堂上说出这几个字时，我们在座所有的同学或龇着牙或抿着嘴地笑着。运动会，可是我们挣脱学习的大好时机呀！

我的心情从老师一宣布开运动会就美美的。放学的铃声美美的，车窗外的风景也是美美的。作业也在我美美的心情下一一解决了。星期四晚上9点刚过，我就美美地闭上了眼睛，等待第二天的到来。

天刚蒙蒙亮，妈妈就把我唤醒了。她趴在我的身旁，用轻细柔和的声音叫我起床。我慢吞吞地坐了起来，努力把自己从梦境中揪出来。妈妈摸摸我的背，淡淡地说："刚才收到马老师的短信，说今天的运动会因为学校迎接卫生检查取消了。"这一晴天霹雳，一下子把我打醒了。我瞪大双眼，惊愕地说："什么？"老妈似乎没有听见，低着头帮我整理床单，一会儿就走出了我的房间。

我慢慢穿好衣服，琢磨老妈说的话。心中有点儿生气，但忽然觉得老妈说的话有一丝蹊跷。我刷牙时，老妈在我身旁把这个令人"悲伤"的短信，重复了不下三次，就连老爸的安慰也透着一丝古怪。我慢吞吞地洗漱着，心里却犯着嘀咕：一般情况下，明知我脾气有些急躁，老爸老妈不会把惹我生气的话题，一而再，再而三地提起。再说了，运动会早上8点才开始，如果取消了老师又何必早上或晚上特地发一通短消息呢。早上进教室再和我们讲又不是不可以，而且我们应该没有蠢到因为开运动会就不带书包上学了吧！后来经过我一系列的推理，总结出这条短消息并非真的。我对着镜子，诡秘地笑了两声，呵呵。

早餐桌前，老妈终于告诉了我实情，原来正如我推理的，那条短消息是对我的考验。还把我遇事不急躁、没有乱发脾气，大大表扬了一番。的确，生活中有时会有许多的出乎意料与意想不到，坦然面对，泰然处之很是必要哦！

看来，这次特殊的考试，我是通过了。

156

海底审判

李英达

在奇幻神秘的海底世界，原本是一片安静平和的氛围。各种生物和谐相处，玩耍嬉戏，过着幸福快乐的日子。但最近出现了一些纠纷，使这乐园乌烟瘴气、不得安宁。于是，海底的生物们决定成立一个海洋法庭来解决海底纠纷。瞧！近日在法庭的公示栏内贴出这样一则公告：

开庭通告

　　近日来，鱼类家族成员的大量死亡，引起了广大生物的关注。据法庭的工作人员了解，这与赤潮类生物有密不可分的联系。海洋法庭决定于6月6日开庭审理，我庭特约人类嘉宾李英达参与陪审。请原告（鱼类家族）、被告（赤潮类生物）双方及时到庭，欢迎群众旁听。

海洋法庭

　　6月6日在海洋生物的期盼中到来了。法庭外挤满了各类海洋生物，大家都想看个究竟。只见海龟大法官坐在正中间，比目鱼为代表的海洋鱼类家族坐在原告席上，夜光虫为代表的赤潮类生物坐在被告席上。我和一些知名的海洋生物则是陪审团成员。

　　海龟法官说："现在开始审判。请鱼族代表比目鱼、赤潮族代表夜光虫入庭。先请比目鱼先生代表你们家族——受害的鱼类成员陈述一下情况。"

　　原告比目鱼说："法官大人和各位朋友大家好！请你们先听一下资料。赤潮生物就是能够形成赤潮的浮游生物，赤潮生物繁殖达到一定的密度，就会发生赤潮。赤潮可以使大量鱼类死亡。据调查表明，赤潮破坏鱼、虾、贝类等资源的主要原因是：破坏渔场的饵料基础，造成渔业减产；赤潮生物的异常发展繁殖，可引起鱼、虾、贝等经济生物瓣机械堵塞，造成这些生物窒息而死；赤潮后期，赤潮生物大量死亡，在细菌分解作用下，可造成环境严重缺氧或者产生硫化氢等有害物质，使海洋生物缺氧或中毒死亡；有些赤潮生物的体内或代谢产物中含有生物毒素，能直接毒死鱼、虾、贝类等生物。目前，赤潮在许多国家和地区发生频繁，已成为一种世界性的公害。我的陈述完毕。"

　　海龟法官说："被告，你认为原告的控诉合理吗？"

踩着一地月光

被告夜光虫理直气壮地说："法官大人和各位朋友大家好！引起赤潮并不全是我们的责任。"

比目鱼急忙说："难道是我们自己的错吗？"比目鱼越说越气愤，引起场内一片骚动。陪审团成员七嘴八舌议论着。

海龟法官说："肃静！夜光虫先生请你继续陈述。"

夜光虫清了清嗓子说："其实我们也不愿意变得又肥又丑，与那么多的同伴挤在水面上。人类将大量的生活污水和工业废水排到大海，这些水中含有很高的氮、磷、氨等物质。我们遇到这些东西，身体就不听使唤了，只能一直吃，就变成了胖子，还生了很多的孩子。你们想想单波罗的海，每年入海的有上百万吨有机物，三十多万吨氮和两万多吨磷，这我们哪能控制呀？我们实在是迫不得已。"

比目鱼说："可是你们家族那么多成员，把氧气都吸收了，这不是间接的凶手吗？"

夜光虫无奈地说："我们只能听海水的话，因为我们是浮游生物。当海水不想动了，我们就聚集在一起了，阳光不能穿透我们，所以海底植物就不能生长，你们就没有食物了。这能怪我们吗？造成这种局面的罪魁祸首还不是那些为了个人利益而随意排放污水和废水的人类吗？"夜光虫呜咽着。

其他海洋生物也开始议论纷纷了，那这场纠纷究竟是谁的错呢？

作为人类的一员，我感到非常惭愧。这一切都应该归罪于我们人类啊！

海龟法官无奈地看了我一眼，最后说："肃静！……"他也陷入了沉思，弄不清到底是谁的过错。

就这样，这场纠纷在各种生物的议论中退了庭。

地 坛 随 想

贾淞名

在城市钢铁洪流中的挣扎，磨灭了多少人豪气的遐思、徜徉的惬意。去地坛吧，义无反顾……

大地告诉我，那儿长满荒草和古柏，除了僻静、空荡和潮湿的虫鸣，只剩下一位小伙子和他的轮椅。那个脸色苍白、饮尽孤独的青年，那个消沉倦怠、无事可做的青年，那个在灿烂之年猝然摔倒的青年，终日躲在其中，在墙角、在阴影下，漫无边际地冥想，关于青春、疾病、梦想、活着的意义……

地坛，它不是公园，而是一个人的心灵私宅、灵魂的后花园，其间的一草一木，都被喂养过，被一个年轻人的寂寞、时针，和他心里的荒凉与云烟。

扑面而来的老北京气，告诉我，到了北京的心脏，地坛。怀着对史铁生先生的敬仰进入地坛。地坛早已没了你文中的内敛、古朴、大气，唯有迟暮的老人散发小伙子才该有的朝气。或许您会气愤，那寂静空灵的天，多了几丝秧歌声中的"夕阳"红；或许你会开心，那墨守成规的静，被朝气呼啸着划过。但我知道您只会笑笑，继续播种那些缤纷狂乱的念头，在那棵树下，在地坛、在北京、在天地间。

史铁生先生，站不起来了，永远。可他却用灵魂支撑，他站得好高，看远方、看红尘、思命运、考人生。疾病，在常人身上是痛苦的累赘，在他的身上是哲思，成为生命中最普通的行李。真的，肉体可以居住在精神里，世界可以折叠成一副轮椅。他是个以告别方式生活的人，一个倒着向前走的人。他爱笑，不暖，不寒，平淡下翻涌惊涛骇浪，像秋天，秋天的早晨。

史铁生先生，起身走了。几乎带着微笑，按他的说法，这不是突然，是准时，是如期。他离开这个世界，去参悟另一个世界的秘密，他也肯定有这样一个园子，和他神思。史铁生先生留下了敬仰与失落，我们仰视着这个轮椅上的身影渐行渐远，被厚重的岁月吞噬。

史铁生先生告诉我们，微笑着，去唱生活的歌谣。不要抱怨生活给予了太多的磨难，不必抱怨生命中有太多的曲折。大海如果失去了巨浪的翻滚，就会失去雄浑；沙漠如果失去了风沙的狂舞，就会失去壮观；人生如果仅去求得两点一线的一帆风顺，生命也就失去了存在的魅力。看看史铁生先生，看看他的低调、他的倔强、他的淡然、他的激昂……

160

他以自己的生活、创造、体态和穿越岁月时的精神纯度，给时代画出超然灵魂的肖像，给人类精神添加美学的成色，提升灵魂的高度，再塑造生命的尊严，留下一个身躯超脱疾病后的无上荣耀。

虽然我们在不同的世界，不同的时空，只要一想到人世间还有像史铁生先生这样的人，不同的心脏总会有着共同的澎湃心声，循着这回声一起看云卷云舒，这样的时光，因了先生的灵魂和光照而变得更加辽阔久远。

战 胜 诱 惑

张吉昶

　　"我藏好了！"我躲在一辆汽车的后面说——我正在跟小伙伴们在小区的楼下捉迷藏呢。一个小伙伴发现了我，他朝我走来。我往后退了几步。

　　突然，我感到脚下踩到了一个东西，低头一看，是一部手机。我捡起来。"嘿！我发现了一部手机！"我举起来大声喊。

　　小伙伴们从不同的地方走了过来，围向我。

　　"哇！真是手机啊，你可真幸运！"就在我不知道该怎么办时，一个小伙伴说。接着又有人说："喂，我们拿着这部手机走吧。"小伙伴们都议论起来。他们的意思是要我把这部手机装进我的或者他们的口袋里。

　　带着捡来的手机，我又随伙伴们去了别的地方。这手机，沉甸甸的，是我有生以来拿过的最重的一部。手里把玩着手机，左看右看，我开始玩得心不在焉了——这手机挺好，如果我要了，玩着很爽，如果还给失主，得而复失，实在"可惜"。可是，我又想起了奶奶常教育我的那句话："不论捡到什么东西，都要还给人家。"我还想到了去年妈妈丢了钱包时万分焦急的情景。我心里纠结着，一时间这手机仿佛压在了我的心上，有千斤重。我不知该怎么办了。

我拿着这部"千斤重"的手机跑回了家，对奶奶说了手机是怎样捡到的。奶奶听了，毫不犹豫地说："孩子，你忘了奶奶对你说过的话了？快点儿吧，你从哪里捡到的，就回去看看，丢手机的人可能正在那里找呢。快去吧，人家一定着急了。"

我拿着手机来到了那辆汽车旁，没有人在找手机。我等了好久也没有人来。只有几个老人在离我不远的地方聊天。这时，我灵机一动，想到了一个好办法。我打开手机的相册，从里面找到了一张最清楚的，走到那几个正在聊天的老人身旁。

"爷爷，您认识这个人吗？"

"哎，这不是七单元102的小王吗？"爷爷用手指着照片说。

"七单元102！"我努力记住了这几个数字，向"小王"的家走去。到了门口，敲了门。开门的果然是手机里那个叫"小王"的叔叔。他脸上带着愁容："怎么了，小朋友，有事吗？"

我从兜里掏出手机："叔叔，这是你的手机吗？"

叔叔见了手机，脸上立刻现出了惊讶和欢喜的表情。"是，是我的。"叔叔拿过手机，一边看，一边说。接着，他从兜里掏出了二十元钱，对我说："太谢谢你了！来，小朋友，这是叔叔的一点儿心意。"我没有接钱。我和叔叔说声"再见"，就转身跑了出来。这时，我的心里轻松了许多。

走在回家的路上，我想，今天我战胜了手机的诱惑，如果再遇到类似的诱惑，我也一定要战胜它们。

我的第一部电影

许淳皓

当第一缕阳光轻轻落在我的眼睫毛上，我便立刻睁开双眼，从床上蹦起来。揉揉眼睛，动作迅速地穿上一件长袖白衬衫，一条黑蓝牛仔裤。然后走到浴室，快速湿润面部后，将洁面露涂在脸上，我仔细按摩着，揉搓着，洗去一晚上脸上分泌的油垢。刷牙也比往常更加仔细。做完这一切，我照了照镜子，眼睛贴近镜面，仔细"搜查"。确认无问题后，便蹬上一双黑绿相间的运动跑鞋，并将裤腿放到鞋上，使其能在鞋顶上，保持堆积状。

走出家门，我就一直微笑着。

一个十几岁的男孩儿，一直保持这样的微笑，并在一个阳光充沛的周六的早晨穿得这么整齐，一般人见了肯定以为是去参加什么重要活动。但我却并不是，而是要与朋友们拍摄自己人生中的第一部电影。

两年前，在一次聚会上观看了电影《超级8》，看着片中的同龄人在童年就拍摄电影，我们就一直想模仿片中主角，在少年时代拍摄一部完全由自己制作，属于自己的电影。当我们四月份在电影院里观看《美国队长2》时，从第一排向后看见近三百观众的欢颜，听见三百人一起发出的惊叹声和欢笑声，拍一部电影的梦想就更加强烈了。

街边不时有穿着短袖、短裤的人发出"热死了，热死了"的喊叫，但穿着长袖衬衫及黑蓝牛仔长裤的我却感觉不到。尽管背上的汗水已洇湿了我的白衬衫。

到达约定地点后，另外几位朋友也已经到了，充沛的阳光照在他们的衣服上再反射到我的眼里，我感觉他们就像穿着金色的丝绸一样。

拍摄开始了。

"不，你不能这样做。"朋友盛辉略带哭腔地说着，脸上表情立刻变得悲伤起来，眼泪也从微微红肿的双眼夺眶而出。那些眼泪在双颊上划过一道道泪痕。泪水一断一续从下巴滴下，有的滴在上装的立领上，有的滴在扣子上，然后又从衣服上滴到地面。最后，他用白袖口擦了一下脸上的眼泪，袖口立刻紧贴在他的手腕上，并变成浅灰色。

我将摄像镜头从盛辉转向辰雄，并拉近为他脸部做了个特写。

"但我必须做这些，这是我最后的机会了。"辰雄用镇定却哽咽的语气说，可以听出来是故作镇定。然后转过身用手将眼泪擦干。

我又赶紧将镜头拉远。

辰雄又用右手拿起仿真自动步枪，用左手拿起弹夹装在枪上，刹那，整个连贯的动作突然停顿了，显得犹豫不决，但却马上继续了起来，做了一个上膛的动作。

"别走。"我立即将镜头转向盛辉。随即，盛辉快步跑过来紧紧拽住辰雄的胳膊，脸上肌肉紧绷，写满了不舍，辰雄脸上的表情稍微放松了一下，食指也从扳机上挪开，思考是否终止自己的行动。最终辰雄还是拿定主意，立刻恢复了本来的动作，用异常坚定的语气说了声："我该走了。"

"导演"凌谦示意我停止，于是我关闭了摄像机。

刚才还处在"生离死别"状态的盛辉和辰雄立刻换上了笑脸，相互吐槽开了。

几天后，我们拍摄完了我们的第一部电影。观众只有我们的朋友和家长，但我们依旧很开心。

夜晚，我望着在漆黑的夜空中闪烁的星星，心想：我离我的梦想越来越近了，虽然我们的作品并不能跟现在的大电影相比，但我当了一回摄影师，我迈出了理想的第一步。

古运河风暖人心

王音原

"春江潮水连海平，海上明月共潮生。滟滟随波千万里，何处春江无月明。"扬州在古代本就是一个繁华的都城，在隋、唐、清等朝代尤其著名。自隋炀帝开凿大运河以来，扬州把大量先进的货物引进，以一种清新、淡雅而又不失华贵的全新面貌展现在了世人面前。而这一切的开端都来自于扬州的"根"——古运河。

作为一名现代人，站在无数文人墨客所踏过的古运河渡口，也别有一番感慨。

"汴水流，泗水流，流到瓜洲古渡头。""尽道隋亡为此河，至今千里赖通波。""春风又绿江南岸，明月何时照我还。"眺望远方的芦苇荡，吟诵古人的诗句，感受古运河畔的气息，诵到动情处，不自觉地手舞足蹈，却险些一个趔趄，摔下堤岸。在傍晚时分，目送夕阳消逝，可橘红色的余晖还在，洒向河中，波光点点，偶尔有两条小鱼跃出水面，溅起圈圈涟漪，静谧美好的画面里出现了一艘向远方航行的客轮，不知它去往何处，不知它载着多少游子啊！伴随着"嘟嘟"的起航声，我在心中默默地愿他们早日归故乡。

明月，一直都是扬州人的寄托，我曾在荷花池、白桥、二十四桥、五亭桥等地观赏过若隐若现的她，光芒乍现的她，带着淡淡忧愁的她，笼着薄纱的她，却不知她在空旷而又寂静的古运河中可以这么美，美得让人沉醉其中。风，轻轻拂过河面，河中的月牙儿抖了抖，依旧静静地微笑着。

古运河，古运河，古运河风暖人心。